WORK
SMART

高效工作法

尹志豪　著

电子工业出版社

Publishing House of Electronics Industry

北京 · BEIJING

内 容 简 介

天下没有免费的午餐，我们想要获得的自由和幸福，还有想实现的梦想，都必须靠我们的真本事去争取，否则只不过是幻想。但有多少"本事"该去学呢？能不能只学一种本事就够用？经过多年的研究，确信有一种专业技能能直接影响我们一生的成就，它就是高效。高效就是无论做任何事情，效率更高、效能产出更好的能力。简单地说，就是能在更短的时间内，达成更好效果的能力。

本书的目标是让读者在最短的时间内掌握高效的精髓、提升竞争力。以价值而论，本书已经达到培训课程的水平，很适合个人自学，也适合在企业内以"员工读书会"的形式作为企业内训的替代方案。

未经许可，不得以任何方式复制或抄袭本书之部分或全部内容。
版权所有，侵权必究。

图书在版编目（CIP）数据

高效工作法 / 尹志豪著 . —北京：电子工业出版社，2024.6
ISBN 978-7-121-47559-7

Ⅰ.①高… Ⅱ.①尹… Ⅲ.①工作方法－通俗读物 Ⅳ.① B026-49

中国国家版本馆 CIP 数据核字（2024）第 062035 号

责任编辑：张　楠
印　　刷：唐山富达印务有限公司
装　　订：唐山富达印务有限公司
出版发行：电子工业出版社
　　　　　北京市海淀区万寿路 173 信箱　邮编　100036
开　　本：880×1 230　1/32　印张：7.5　字数：204 千字
版　　次：2024 年 6 月第 1 版
印　　次：2024 年 6 月第 1 次印刷
定　　价：49.80 元

凡所购买电子工业出版社图书有缺损问题，请向购买书店调换。若书店售缺，请与本社发行部联系，联系及邮购电话：(010) 88254888，88258888。
质量投诉请发邮件至 zlts@phei.com.cn，盗版侵权举报请发邮件至 dbqq@phei.com.cn。
本书咨询联系方式：(010) 88254579。

前言

　　爱吃、爱玩、爱享受的我，其实想要的是自由、快乐、精彩的人生，而不是生活得更累、更辛苦！

　　天下没有免费的午餐，我们想要获得的自由和幸福，还有想实现的梦想，都必须靠我们的真本事去争取，否则只不过是幻想。但有多少"本事"该去学呢？能不能只学一种本事就够用？或者说，哪一种本事是"所有本事之母"？这是我在很年轻的时候就有的傻念头，还居然傻傻地寻觅了30年……结果还真找到了。

　　不过我先声明，我对于"打鸡血"的方式不太适应，还会浑身起鸡皮疙瘩，对那些似是而非的大道理，也缺乏耐心和包容心。"理工男"求证、求真的性格，让我在寻觅的道路上虽充满艰辛，但很踏实。

　　这会不会又是一本时间管理或者效率提升类的书？你有这样的疑问是很正常的，我能理解也经历过多次这样的失望。正是因为很多人有这样的想法，才让我更坚定地想要出版这本书。

🚀 被忽略了的必备技能

"所有本事之母"指的是什么？经过多年的研究，我确信有一种专业技能能直接影响你一生的成就。它是你在工作中、生活上最需要具备的基本功，很可惜学校没教，绝大多数人不会，它就是高效。

🚀 高效

高效就是无论做任何事情，效率更高、效能产出更好的能力。简单地说，就是能在更短的时间内，达成更好效果的能力。这其实是你应该具备的最底层的核心竞争力，也就是说，执行力、领导力、学习力、规划力的基础都是高效。它也是"专业高手"和"业余者"的差别所在。

我有个朋友，小时候就是学霸，成绩好得不得了，但没怎么看她在苦读。寒暑假的时候，她妈妈都会偷偷让她预先学习下学期的课程及各种技能。我妈妈打电话问她妈妈："暑假怎么没看到她？"她妈妈只轻描淡写地说："她去乡下老家玩了，都不用功！"到了下学期，"不公平竞赛"的结果就可想而知了！

有没有想过，我们很可能一直以"业余者"的水平，在事业上、职场中、学业上和"专业高手"竞赛，且不自知！

为什么我们要输在高效的内功根基上，且处处低人一等，白白糟蹋大好的生命，仅能拥有一个平庸、乏味的人生？

 **哪些人需要高效**

大家可以想想以下这些场景。

✓ 领导者：领导者日理万机，每天大大小小的事情处理不完，还要面对团队的各种状况以及业绩压力。若想成为一位受人尊敬的领导者，该如何快速提升领导效率与效能，带领团队高效前行？

✓ 职场精英：面对各种烦琐的任务和压力，以及不断提高的绩效要求，职场精英该如何持续地提升竞争力、获得高效表现，且能从容应对？

✓ 创业者：唯有脚踏实地才能仰望星空，在时间、资源、人才等匮乏的艰难处境下，创业者如何高效运用有限的时间和精力，成就非凡？

✓ 女白领：不仅要在工作中表现杰出，还要在家庭中面面俱到，每天最欠缺的就是属于自己的时间和空间，有没有可能做到掌控自如，活出人生的精彩？

✓ 学生：多样且繁重的课业负担怎么"破"？学业压力和快乐成长如何平衡？如何做到快乐高效且赢在起跑线？

在商场、职场中，无论你从事的是什么，都要和其他人竞争。如果你的竞争对手比你高效，即不仅学得比你快、思考比你快、效率比你高，而且产出结果也比你好，你还有什么机会？在这个赢家通吃的时代，财富与荣耀会归属于谁？

改变命运的好习惯

最好的投资是投资自己。快速提升自己能让你这一生过得更加充实且精彩！但问题是应该提升自己的哪一方面，以及更重要的——如何做到。

本书的目的就是要帮助你快速夯实个人能力的内功根基！我即将和你分享的主题是高效，但你很可能获得的效果是"改变命运"。这是很大胆的假设，是不是？为什么我会这么说呢？因为如果你对于现在的情况以及个人发展的趋势不是很满意，想要改变命运，可行的方法如下。

√ **学对方法**：学会能够明显提升自己能力的正确有效方法（很难学到）。

√ **养成习惯**：将这些有效的方法变成新的习惯（很难做到）。

若想提升自己，真正有效的方法很不容易学到。相信你已经学过、接触过许多理论和方法，应用后的效果如何？真正经得起时间考验的有效方法少之又少，其中一种可能是很多理论听起来不错，但在各种现实状况的试炼下应用效果不佳；另一种可能是懂得有效方法的人，不见得愿意将它全盘托出。就算是你学到了有效提升自己的方法，如果不能将其变成新的习惯，又有何意义？比如，上次你学到的好方法，只坚持了多久？所以，想要改变命运、获得更好的成就，你需要学会真正有效的方法，并且养成新的好习惯。这两者缺一不可，而这两者正是本书想要达成的目的。

 缘起：我的初衷

你想要一个什么样的人生？

我很早就决定这辈子要活得很自由，不仅能享受人生，而且还能过得很有意义，活出属于我的精彩，让此生无憾。你呢？

我不是富二代，我需要依靠自己的努力去争取，必须表现出众才有可能尽早积累出足够多的财富，从而让每天活得自由自在。为了达到这个目的，我发现唯有在学习和工作时更加高效，才有可能在有杰出表现的同时节省出属于自己的时间。在摸索的过程中，我越来越发现研究高效很好玩，对我的帮助也越来越大。这驱动着我不断地研究世界上更为前沿的高效理论与方法。一晃，到现在为止我研究高效已经超过30年了！

其实回想起来，我从大学开始，为了有足够的时间玩我酷爱的游戏，又怕因成绩太差对不起辛辛苦苦供我念书的父亲，早就在不知不觉间研究怎样才能高效读书。结果我成为那个年代小有名气的游戏高手。而别人在念书的时候，我的大部分时间都在玩，但我摸索出的方法让我的读书效率极高。最后还能以名列前茅的成绩顺利毕业。这让我第一次尝到了高效的"甜头"。

毕业之后，我继续在职场中学习与应用高效的技巧：不仅多次去国外学习，而且通过实践与总结心得将其变成自己的高效系统。这种做法让我在20年的外企职场生涯中，快速晋升为

几家世界百强企业亚太区的中高层领导者。这主要归功于高效的能力让我业绩出众。

比如，我曾经在负责戴尔电脑中国区市场的时候，仅用一年的时间就把一个年销售额 10 多亿元人民币、成长平缓的部门，打造成一个年销售额 30 多亿元、快速成长的部门。通常在这么短的时间内想让业绩增长这么多，会靠什么？会靠降价来抢占市场，对不对？我当时不但没降价，还将利润率从 5% 增加到了 12%！这在竞争激烈、利润微薄的 IT 行业是极不容易做到的！

类似这样的业绩，我在不同的企业、不同的行业做到过好几次。我的收入也因此增加了不少，并且不断有知名的企业，通过国际级的猎头公司来"挖"我。

业绩突破式暴增的基本原理

每当我做出突破式的业绩时，总会有不少企业老板跑来向我求教，问我是怎么做到的。猜猜看，要做到这种快速飙升的业绩靠的是什么？销售技巧吗？其实不是，这是一般人的想法。销售技巧只是业绩做得好的众多因素中的一小部分。我自己心里知道，这就像中国的武术一样，靠的是扎实的内功根基，还有巧妙的招式。

√ 扎实的内功根基：是你和团队的个人高效能力。这一点尤为重要！

√ **巧妙的招式**：是你在经营管理、营销或销售时使用的战略
与战术。

想想看，如果你和团队伙伴们的效率都不高，效能也不好，
你们的战略与战术还能发挥出来吗？想要快速获得好成果，只
会是空谈！

还有很多领导者认为：若想把生意做好，最重要的是企业
要有优秀的人才。请问，去哪里找那么多优秀人才？又有多少
优秀人才愿意加入你的企业？试过努力招聘了吧？效果如何？
想让许多优秀人才加入，这对于大多数企业来说，尤其是中小
微企业，非常困难！那该怎么办？我的建议是先努力加速提升
自己以及现有团队的高效能力。虽然不少现有员工还达不到"优
秀人才"的等级，但至少先用高效的方法让每个人快速提升，
发挥每个人的潜力，把业绩做起来，这样才有机会逐渐吸引到
更多志同道合的优秀人才，从而产生良性循环。

个人想要获得良好表现的"原理"也是一样的。有不少人
不解：明明已经很努力了，为什么表现还是一般？其实如果高
效的内功根基不扎实，做什么都是事倍功半的！

当我在行业里有了一定的知名度之后，不少老板请我去教他，
并且给他的企业员工做分享。这些老板一开始大多是希望我能给
员工传授销售技巧，但我总是先教他们怎样快速提升高效的能力，
而不是销售技巧。结果却让很多老板惊讶：这种方式居然能对他
们个人以及他们的企业，产生这么快速且美好的变化。

🚀 启蒙与发心

我的使命感来自哪里？小时候从我有记忆开始，我父亲常常问："21世纪是什么人的世纪呀？"我就把手举得高高地大喊："中国人的世纪！"从那个时候起这个想法就在我的心里生根发芽了。这么多年来，我发现自己总会不知不觉地想："怎样才能让21世纪真正成为中国人的世纪？""我们有什么地方是需要快速提升的？""怎样才能成为这个世界实至名归的领跑者，而不光是靠人多？"

后来我在世界经济论坛的全球竞争力报告当中找到了答案。我发现，在各国竞争力排名的三大类指标当中，中国在效率推动力这一大类的排名中只排到了第45名，非常低，整体的分数也因此被拉了下来。仔细想来也对，我们在方方面面的效率的确还有很大的提升空间，所以我就想：如果能为全中国人的高效能力提升而奉献自己的微薄之力，哪怕是1%的提升，那都是很酷的事，并且很有意义。因此，我把自己研究多年的高效心得，也是帮助我还有许多人获得成就与财富的核心方法拿出来与大家分享。这是我为"中国人的21世纪"而践行的个人使命。我把这个心愿称为【高效中国】活动，我希望种下的这颗种子能生根发芽、茁壮成长。

至今我所有的业绩表现和财富积累，几乎都不是来自运气或关系，而是来自自己的努力和实力积累，换句话说，最主要来自我掌握的这种高效能力。如果以价值来评估，它绝对够得上"秘笈"等级了。我之所以愿意将其拿出来分享，主要还是受到了两个人的影响：我的导师和我的父亲。

我的启蒙导师是我在阿姆斯壮公司的直属上司 Jay Niesley。他手把手教会了我许多在书本上学不到的经营管理之道。他在 43 岁时不幸被诊断为癌症晚期。在跟病魔斗争的两年中，Jay 一边很艰苦地接受化疗以及放射性治疗，一边还在坚持每天工作、给我辅导。他曾拖着瘦弱的身体对我说："Rick（我的英文名），我现在活着最主要的意义就是每天能够帮助像你这样的人成长。只有这样，才可以证明我对这个世界还有些贡献……"

我的父亲尹坤元一生从事航空飞机的维修工作。退休后，他受人之邀到航空维修学校教那些想谋得一技之长的年轻学生。父亲总说"助人为快乐之本"，所以当他听到可以将他 50 多年的飞机维修专业经验传承给年轻人而改变他们的命运时，立刻就答应了。事实上，这份教学工作对一位 74 岁的老先生而言是很辛苦的！父亲每天清晨天还没亮就要出门，坐很久的火车再转汽车才能到达学校。作为儿子，我曾经劝父亲不要这么辛苦了，可是父亲总说："这是帮助人的好事，要坚持。"2004 年 8 月 12 日清晨 5:30，父亲依照往常的时间出门，在步行到火车站附近的十字路口时不幸发生车祸过世……但他的大爱遗留人间，在我心里他是平凡却高尚的伟人。

正是因为他们曾在我的生命里种下一粒"助人成长，助人为乐"的种子，让我在努力实现自己人生梦想的同时，也希望能传承导师和父亲的精神，帮助更多的人掌握高效的能力以实现个人梦想。于是我放弃外企的高薪厚禄，将我的专长"拿出来"教人、助人成长，这便有了高效系列的课程和图书。

🚀 效果与价值

有个学员利用我教的方法，突破了年销售额 3 亿元人民币的瓶颈，在两年内做到了年销售额 20 亿元，并且他每天的工作时间还从 15 小时降到了 7 小时。这样的例子很多，我很庆幸能够实实在在地帮助到这么多人。

我即将与你分享的内容，跟你在外面能学到、看到的大部分课程都不太一样。我把在国外 20 多年学到的最前沿的高效专业方法，以及自己 30 年来在实际工作中验证过的真正有效的部分，经过整理和改良之后总结下来，不光有理论讲解，更有实践练习，之后又做了大量的归纳总结和实际测试工作，浓缩了数十位高效领域的世界级大师的方法，并且配合国人的习惯与环境做了调整，以确保高效系统的有效性，并且跟得上时代与科技工具的快速演变。

我的主要目的是帮助你掌握高效的能力，能够让你不论是在职场的工作中、创业的道路上，还是在充满竞争的课业中、家庭和孩子的照顾中都能完全胜任，进而表现杰出、实现你的梦想！

有一点需要特别说明：这不光是一本要细读的书，还是一本需要"实践练习"的书。我不光讲理论（也就是 What），还会教你怎么做（也就是 How），从而让你很快看到成果！如果你只是阅读，那最多只是"懂了"，而不是"做到了"，更不用说"做出了好结果"。所以，建议你用参加高端培训课程的学习心态来实践，不要浪费了这次难得的学习体验和机会。

相信你可以感受得到，我将要与你分享很多"干货"。我很清楚，这些能带给你实质性的回报，并且我相信这些回报相对你的付出而言会是千倍、万倍的！这会是你送给自己的一个超高性价比的小投资与礼物！

我是尹志豪，祝福你！

快乐高效
成就非凡
志豪

如何阅读这本书

 阅读顺序

由于高效是个系统工程，建议你还是依照章节的先后顺序阅读，因为前面章节中的观念，会是之后章节的基石。

我推荐的高效阅读与学习方式如下。

- √ 在几分钟内将全书浏览一番，也就是快速翻阅，关注一些大标题、关键词、吸引你的地方，不需要深入，只需要有个印象和概念。

- √ 依照章节的先后顺序精读。每一章需要 30 ～ 60 分钟的时间，这要视阅读和实践的速度而定。但是要特别提醒，这不是一本"看看就行"的书，更像是一本培训教材，需要你在阅读的过程中不断停下来做心得记录，以及实践练习——写下你的想法和行动。

🚀 图示

有些说明若以图片的形式表达会更容易理解，因此本书附上了不少图片，并且标注了说明，请依照①②③④…的次序阅读，以便读懂图示。

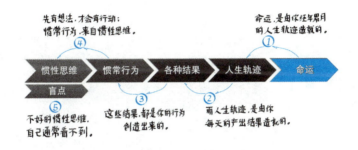

🚀 实践练习

在每个章节中都会有一些让你实践的练习，强烈建议你不要略过，并且，不建议只是"想想看"。若想获得最佳的效果，就需要写出你的想法。

🚀 总结与行动

为了提高学习效果，以及对你提供实质性的帮助，我在每章的最后会请你用自己的话语写下你的想法、心得和总结，并且写下接下来会采取的第一个行动，从而让执行的"势头"滚动起来。

目录

|CONTENTS|

第一章

搞懂这一点，不用逼你都会积极起来

第二章

靠这种方法，轻松养成高效好习惯

第三章

不妥协？改变人生轨迹的方法

第十二章 / 如何精力充沛、年轻十岁

第十三章 / 永续成长、精进，活出生命的意义

搞懂这一点，不用逼你都会积极起来

01

不用坚持，而是改变你的惯性思维

我们有没有可能不靠坚持，还能成功呢？

有！这是我最喜欢研究的课题，接下来的内容你越是搞懂了，越是领悟与接受，你就越能做到！

在现实生活中，有不少道理我们都懂。但这些道理或方法，大多数对我们产生的效果一般，原因是坚持不了。就算我们愿意坚持，但每天要坚持做的事太多，这种日子过得也太苦了吧！所以，我的理想是不需要依靠坚持，也不用别人或自己来强迫自己，就可以积极起来，并且持久。

你想拥有这样的效果吗？做得到吗？做得到的话，我们就能改变自己的命运了，是不是？如果我只是传递一些知识给你，或者给你"打鸡血"，那都是做不到、难持久的。但有一种很棒的方法，可以从根本上做到，而且不费力：**不用坚持，而是改变你的惯性思维**。

　　惯性思维，简单地说，是指你对某一特定情况，自然而然地做出固定反应的习惯性思维模式，也可以说是固化了的认知。这通常是从小就有或者经年累月形成的一个认知。例如，当你看到一件蓝色衣服时，我问你："为什么它是蓝色的？"你可能会回答："啊？它不就是蓝色的吗？"

　　你之所以认定它是蓝色的，很可能是在你小时候刚开始辨别不同颜色的时候，你妈妈问你："这个蓝色好不好看呀？"你就会一辈子"认定"这种颜色是蓝色。想想看，如果当时你妈妈看着一件蓝色的衣物却问你："这个红色好不好看呀？"你可能会一辈子"认定"它是红色的了。这种对蓝色和红色的认知会成为你众多惯性思维中的一个。所以，大多数惯性思维没有对错，只是大家经年累月都认同的一个原则或定义，就像大家都认同蓝色或红色是什么颜色一样。

　　但是，有些惯性思维不见得是正确的，甚至会误导人或给人错觉，还会影响到我们的心态，而我们却一直没察觉到。

　　我认为，大多数人的 97% 的惯性思维，造成了 97% 的人拥有平庸的一生。所以，你有没有发现：越是特立独行的人，甚至和大家反其道而行的人，成功的概率越高。这是因为这类人的惯性思维和大多数人不一样，容易因与众不同而胜出。接下来，我就用一个惯性思维的例子来帮助你重新审视自己的人生，从而让你自动和自发地积极起来。

02

惯性思维的审视：生命的长度 /

小时候，在比较急躁、没耐性的时候，很多父母会劝说："生命还长着呢！不要急，慢慢来……"结果绝大多数人认为生命很长，或对生命的长度无感，就如同你看到的蓝色，真的是蓝色吗？

有没有仔细想过生命真的很长吗？能慢慢来吗？让我带你认真地看看这个跟你人生最具关联性的数字：我们生命的长度。

国家统计局的报告显示，中国人的平均预期寿命如下：男性的平均预期寿命是 73.64 岁，女性的平均预期寿命是 79.43 岁。如果乘上一年 365 天，那么男性的平均预期生命长度是 26 879 天，也就是不到 27 000 天；女性的平均预期生命长度是 28 992 天，也就是不到 29 000 天。

由此可以看出，就算活到 82 岁，一辈子也只有 3 万天！能活到 100 岁的长寿人群，一辈子也就 36 500 天。很长吗？恐怕这是你有生以来第一次知道这个残酷的事实，对吗？

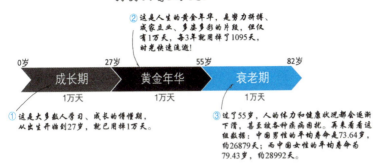

所以，一辈子很短，而黄金年华更短！我把它称为：**"生命只有 3 万天"** **理论**。我们真正的黄金年华，即你在拼搏事业、精力状态最好的阶段，恐怕只有 1 万天，已经过了 27 岁的人，就只有几千天了，你说长不长？你现在有什么感想？若想打破并且改变我们固有的惯性思维，方法不见得很难，只要让你亲自看清事实、面对事实，固有的认知、惯性思维就改变了。

虽然我带着你做到了这一步，但还需要反复强化，以便达到"固化"新惯性思维的效果。所以，下一节我会教你一个方法，可以很方便地自动计算出你的黄金年华还剩下多少天，并且在每天早上自动提醒你。因为我知道，你现在很可能还做不到"自律"——每天主动地计算自己的黄金年华还剩下多少天，我说得没错吧？所以，不用担心，我会用方法让你不需要努力就能自动做到。你每天看得到和看不到这个黄金年华的"倒计时"数字，所带给你的感受是完全不同的！

【实践练习】你对"生命只有 3 万天"以及"黄金年华不到 1 万天"理论有什么感触？请写下来。

03

高效的架构 /

为了让你尽快获得高效的好处，我会以"改变惯性思维，养成新的好习惯"为原则，和你分享有效的方法。这些内容，都是我在实际工作中经过多年验证后的成果，主要有 12 点。先不用担心你是否能坚持做到，多年的经验告诉我：想要明显地提升你的竞争力，这些高效的元素一个都不能少，但你不需要在短时间内一股脑儿全部"吞"下去。我将每个元素拆解开，对于它们背后深奥的道理，我已经帮你消化整理，总结出最简单、实用的步骤，让你在当下就做个简单的练习，在轻松、快速领悟的同时，逐步令其成为你的新习惯。因此，不建议你用"快速阅读"的方式来看这本书，最好是采用"看懂一小段，实践、消化、休息"的轻松愉快方式，但你一定能在短时间内"功力大增"。

你能做出效果

有效果最重要！没创新的想法，成不了事；有想法但落实得太慢，也没用。我们不见得有马云、任正非等人的天赋、创意、执行力和机遇，但是我可以教你一些实用的方法，让你更容易捕捉到好点子，并且能更快地做出效果来，从而给自己一个获得更大成就的机会。

掌握高效的实用方法

纯理论没用！这不是"打鸡血"的"成功学"，也不是让你更忙、更累的时间管理方法，而是让你用最高的效率来达成你的目标、实现梦想的实用原理和方法。"成功学"激励人心的时效性大多不长久。而时间管理，主要是用在按时计酬的工业时代。现在早已是"知识型工作"的时代了，我们看重的是高效的生产力，时间管理只是高效当中很小的一部分，并且需要做些修正，之后我会协助你弄清楚。

建立新的惯性思维与习惯

若想高效起来，必须修正几个大多数人都有的惯性思维，但这些错误的"常识"，一般我们察觉不到。我会带着你看清与调整这些错误的"常识"，进而改变你的人生轨迹，活出你的精彩。

达到极为专注的境界

在做事和学习的时候，能否做到极度专注，其效果差别非常大！活在当下，就是极度专注于现在正在做的事。我会教你如何进入专注的最高境界——Flow State（流状态）。

乐在工作

每天工作时是快乐的还是痛苦的，重不重要？我们每天都会碰到困难的事，能不能长时间坚持，要看你有没有很大的个人驱动力。我会带着你去挖掘自己，让你找出工作对你的意义与乐趣。

把握好精力状态的节奏

精力状态是指一个人的体力与精神的状态，以及做事时能达到专注投入的程度。若想每天都很高效，有一个很重要的秘诀：在每天精力状态最好的时间段，做最重要的事！你会因看到自己每天效率和产出的提升，而感受到一种很棒的充实感与成就感。

聪明工作

"Work smart, not work hard"，也就是要"聪明工作，而不只是努力工作"。这个道理我们都知道，但如何做到才是关键。

克服拖延症

很多人在做事时都会拖延，拖延症容易克服吗？这就像让一个有烟瘾的人戒烟一样困难！我会带着你用一种最简单且有效的方法来化解它！

做好精力管理

工欲善其事，必先利其器。其实你的身体，才是最宝贵的高效工具与财产。你的工作和事业表现，会不会受到体力和健康状态的影响？要如何做好个人的精力管理，我在这方面有非常深厚的研究，很多人喜欢猜我的年龄，因为不太容易看得出来。若精力管理做得好，会使人由内而外年轻起来。

提升心理素质

事业拼到最后，拼的不光是能力，更是你的心理素质。如何科学地提升心理素质，我会给你一个明确的方向。

应用高效技巧与工具

现在竞争的速度在不断地加快，我会教你加速的方法，包括如何善用碎片时间、如何做好个人的收纳管理、如何善用最新的高效工具，以及如何高效地学习。

学习冠军高效系统 CPS

如果想要大幅提升工作效率，你需要懂得工作高效的原理及方法步骤。我可带着你掌握一套高效高手正在使用的冠军高效系统 CPS，让你不容易遗漏事情，掌握快速突破困难和挑战的方法，做好最紧密且高效率的日程安排，每天完成手头的大量任务。

以上内容均源自我的畅销线下课《高效冠军》总裁班的内容，价值好几万元。我把一些关键部分记录在这本书中，希望能带给你超值的"享受"。

04
高效学习法 /

读到这里，不知道你是否有这样的感受：这不光是一本书，更像是一个培训课的教材？那么，你要如何利用这个课程为你带来最大的好处呢？最重要的第一步是能够高效地学，对吗？

我先跟你分享一个高效的学习法，不光你自己可以用，还可以拿来教你的团队或你的孩子，从而快速提高学习能力。

我举个例子来帮助你快速了解这个原理。假设你今天突然接到比尔·盖茨的电话（经过验证是他本人），他说："听说，你在学习高效工作法……好好地学！一周之后，我请你来硅谷录制一个视频节目，给全世界的朋友讲讲高效工作法。若你能做到，我就给你一亿美元！"之后就挂了电话。

你现在有什么感受？是不是学习的情绪完全不一样了？这种方式称为"转换学习角色学习法"。**不论想学习什么，都先转换你的学习角色，**

即从一个被动的学生转换成一个主动教别人的老师，这是一种很有用的高效学习法。为了让你获得最好的学习效果，我用如下几个步骤，让你在了解高效学习原理的同时直接实践且效果最好。

第一点：以分享的心态学习。我建议你每次学了一小部分内容，就在当天或第二天，趁着记忆犹新，至少和一位好朋友或同事，分享所学到的特别好用的或者特别有感触的部分，向他（她）讲解你的心得和收获。比如，你跟好朋友或同事说："我告诉你，我刚刚学到了一个很好用的方法，你也可以试试看，这个方法是……"以这种方式让你立即转换学习角色，从被动的学生转换成主动的老师，并且，还能让你的朋友一起进步，一举两得！

【实践练习】你打算将心得和收获，或触动最大的部分，在今天或明天分享给哪几个人呢？请你写下他们的名字。

第二点：用自己的话语记录。不论从书上或课堂中学到了什么，请立刻"用你自己的话语"总结学习心得。因为，我们不要再用填鸭式的学习法抄写老师讲的每句话，而要用自己的话语总结收获与想法。只有这样，收获才能真正变成你的，才能真正进入到你的思维和心里！

【实践练习】请用自己的话语，总结你对于本节的心得体会。

第三点：写下来。对于你的想法和心得，如果当时没有立即写下来，那么在 9 小时后最多只能记得三分之一，这是我们人脑的限制。所以，建议你每学习一小段内容，就写下你的心得。最好的方式是用手写，这样最不会妨碍你的思绪；其次推荐的方式是用思维导图工具来画，但前提是你能非常熟练地使用思维导图工具。

第四点：写下你的第一步小行动。我们都知道，坐而言不如起而行。第一步是最重要的一步。提示：不建议你一开始就列出很复杂的行动计划，根据专家的分析，越复杂的计划，你就越不会去落实，之后我会再解释其背后的原理。建议你最好在 24 小时之内就做一两个简单的小行动，目的是动起来，让自己感受到一些学习后的变化。

【实践练习】请写下你即将采取的第一步小行动。

第五点：规划学习时间表。为了让你的阅读与学习过程更有效率，请你现在就写下这次的"阅读学习时间计划表"。这个原理很简单：你写下了、规划了、定出时间了，实现的可能性就会很大。

【实践练习】制作"阅读学习时间计划表"。

打算每次阅读多少页或几个章节？ ＿＿＿＿＿＿＿＿＿＿＿＿。

本书有多少页或多少章节？ ＿＿＿＿＿＿＿＿＿＿＿＿＿。

我计划分多少次完成？ ＿＿＿＿＿＿＿＿＿＿＿＿＿＿。

请填写"阅读学习时间计划表"。

日期，周几	学习时间	阅读哪几页或哪章	完成时的小奖励☺
例：4月28日，周三	21:00-22:00	第1~30页，或第1章	一个好吃的小点心

第六点：在学习的同时深呼吸。在学习时，尤其是想领悟或记住一些关键点的时候做深呼吸，效果会明显提升很多。这个方法最早是由我的一位导师教的，使用后发现特别有效。之后当我在研究人类记忆、习惯养成、意志力在大脑里面对应的区块及其运作原理的时候也证实了这个方法的正确性。在后面的章节中我还会更加深入地讲解这些原理。在这里，你只要记住：**关键点的学习可配合深呼吸！**

【**总结与行动**】请拿出自己的记事本，用自己的话语做个心得总结，并写下至少第一步的行动。

第二章

靠这种方法，轻松养成高效好习惯

01

养成习惯的科学原理 /

　　该努力的时候偷懒？该做事的时候拖延？我们都属于正常人，或多或少都有这些难以克服的坏习惯。如果我们能掌握轻松养成好习惯的方法，就能在工作和生活中很轻易地做到自律。能自律的人，成功的概率就大得多，也更容易获得想要的自由和成就感。但通常我们会把"自律"和"痛苦地坚持"画上等号，能不能轻松、愉快地养成好习惯？若想掌握轻松养成好习惯的原理，你需要先深入了解大脑的复杂运作原理。在这里，我为你整理了人类近 20 年来在这个领域的突破性发现，并且尽量用浅显易懂的方式，让你一步一步地快速搞懂自己的大脑在这方面的运作原理。

 ## 习惯养成的历史背景与原理

　　你需要先了解新习惯是如何养成的，以及习惯"存放"在哪里。

呼吸是最深层次的习惯之一

人类最深层次的习惯是我们睡着了还会持续呼吸，心脏还会继续跳动，这些是由自主神经系统掌管的基本生理机能，如果在出生之后没有养成自主呼吸的生理运作习惯，婴儿就无法存活。

大脑"经营管理"着极为复杂的生理系统

其实，包括呼吸系统、心脏血液循环系统、消化系统、大脑神经系统在内，各部分的生理机能都是极为复杂的，都需要靠大脑高速运作才有办法"经营管理"好这么庞大、复杂的生理系统，一秒钟都不能停顿；否则，人的生命将难以维持。所以，大脑这台不停运转的中枢电脑，可谓责任重大！

24 小时辛勤工作的大脑

除了各种生理系统需要运作外，大脑还需要处理意识交付给它的责任：分析你的五感（视觉、听觉、味觉、触觉、嗅觉）传递进来的信息，思考各式各样的情况，比对记忆库里储存的各种经验，拟定各种应对的战略、战术，执行你决定的行动，记忆你所经历的和思考的各个信息或想法；还有，体验在这一过程中不断冒出的各种情绪变化，将各种情绪反映在表情上和身体上……你说，大脑辛不辛苦？它为了你，每一秒都在高速运作着。

为了更省力

动物为了更好地存活下来，其大脑在演进的过程中，会自然而然地不断寻求更加省力的方法来尽量减轻大脑高速运作的负担。所以，我们奇妙的生理结构将这些时时刻刻都需要运作的生理机能，在我们出生之前，就从"需要意识去思考如何进行"模式转化到"依照一定规律的运作流程系统自主进行"模式，也就是从"需要思考"模式转化为"不需要思考而自主运行"模式，这样就让大脑更加省力了。这就是习惯最原始的来源——为了生存，也为了更省力。

自主运作的大脑基底核

人类大脑的结构，像洋葱，是一层一层的。从数千万年前的古猿类开始，大脑从最核心的基底核（Basal Ganglia）开始一层一层地发展，就

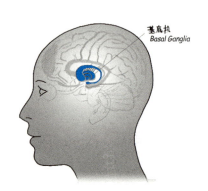

像树木的年轮一般，越是外层，越是新近发展出来的。而最古老的人类大脑核心基底核，就如同其他所有动物一样，是以生存为主要目的的，包括我们刚刚所说的这些自主运作的心跳、呼吸等生理机能，以及最深层次的、自然而然的习惯，都是由基底核掌管的（为了帮助你理解，在此我简化了大脑复杂的运行系统）。

刻录新习惯到基底核

当我们学习新的本领（如学骑自行车或学开车）时，需要靠整个大

脑有意识地高速运作，包括视觉、听觉、触觉的接收、理解、思考、实际尝试、记忆等。

在学会之后，还需要继续操作多次才会逐渐熟练。一旦熟练了（如会骑自行车了、会开车了），大脑为了更省力，就会将这个新学会的技能刻录到大脑的基底核，成为你的新习惯之一，并且能在无意识的状态下自然做到，即当你重复骑自行车或开车时，你只需要依靠基底核的深层记忆就能做到，而大脑其他"思考"的区域会降低运作，从而更加省力。这种感觉就像在不假思索的情况下就能够自然而然地做到，比较接近于潜意识在自动操作，而不太需要动用太多的显意识。更重要的是，你一辈子不会忘记怎么骑自行车或开车。人的习惯一旦养成，不论它是好习惯还是坏习惯，都会存放到大脑基底核，从而造成"积习难改"的情况。

在电影《黑客帝国》中，人类只需要在后脑处接上电脑连线，瞬间就能够"下载"各种技能，包括立刻学会驾驶战斗直升机、格斗武术等；下载完成后，自然而然就能做到。这不正如我所说的将新学习到的技能，刻录到大脑的基底核，成为新的习惯吗？

在现实生活中，由埃隆·马斯克（Elon Musk）创立的脑机交互公司Neuralink就在尝试这一类型的技术。它不光是"下载"技能到大脑，还能"上传"大脑的指令给外接的电脑、云端存储器或通信设备。如果实验成功，将来人类就能够用意念直接控制外在的各种设备，并用意念和其他人直接沟通，而不需要借由手机。Facebook也有个类似的项目Building 8正在进行，目的是能在用户无须讲话或手动输入的情况下，把大脑中的想法直接展示在显示器上。这些技术的初步受惠者会是沟通困难的残障人士，一旦成熟，就会成为人脑的延伸工具。届时，我们可能只需要按下一个按键就能养成新的好习惯。当然，距离这一天的到来恐怕还很漫长，目前我们对于大脑生理和心理构造的了解还很浅。但你不需要等待漫长的几十年，我们对于大脑基底核刻录习惯的方式已经非常了解，你只需要领悟这个原理，再用改变习惯的方法就可以一步步做到。

总结一下：**习惯的养成，就是将新学到的本领，从有意识（显意识）的大量思考，转化成无意识（潜意识）的自然可以做到的行为，并刻录到大脑的基底核。**

习惯的运作模式

在弄懂了习惯是如何形成的概念后，你还需要知道习惯是如何被调动起来的：什么时候该自动切换到自动导航运作的"习惯"，而不是用一般的大脑思考模式？这需要由一个机制来决定。在《习惯的力量》这本书中，作者查尔斯·都希格把这个机制称为"习惯回路"。我将它修改成我认为更贴切的"习惯运作模式"。该模式由如下几部分构成。

触发点

让大脑决定是否启动习惯运作模式的是一个触发点或提示。比如，在你学会骑自行车之后，一旦你跨上自行车，你的大脑就会自动切换至骑自行车的习惯运作模式。

启动惯常行为

习惯被触发之后，会启动自动进行的行为步骤。比如，在你跨上自行车之后，不需要思考就能自然而然地顺着一定的步骤骑起自行车了（你能说清楚骑自行车的每一个步骤吗？你的第一个动作是什么？第二个动作呢？要很努力地回想对吧？这就表示对于已经成为习惯的行为步骤，已经不需要思考就能做到了）。

渴求精神奖赏

在习惯的模式中，人们会渴求从惯常行为的过程中获得曾经体验过的快乐感受，以及达成时的成就感。你会因为渴求再次获得这些精神奖赏而想再次启动这个习惯，从而让习惯反复持续，并进一步加深刻录的效果，让你的习惯更加牢固。其实在这个过程中，你渴求与获得满足的感受，会让大脑产生天然的快乐兴奋剂——多巴胺。这种神经传导物质，会增强大脑基底核神经元的记忆或者刻录效果。在你重复多次之后，习惯就成型了。比如，你能自在地控制着自行车的两轮平衡，顺畅地骑着车快速向前，因而内心感到愉悦。你有没有发现，每次骑着自行车都挺开心的？在潜意识层面，你会不自觉地想再次体验这种愉快的精神奖赏而不自知，从而让习惯成形。

无论是好的习惯还是坏的习惯，它的运作模式都是一样的。比如，当你在工作中遇到某件事比较难处理（触发点）时，大脑就会不自觉地切换到"逃避、拖延"的习惯运作模式：拿起手机看微信朋友圈，在上面点赞和留言（启动了惯常行为）。在这一过程中你挺开心的，因为满足了你关注朋友与被关注的存在感，或者爱与关怀的感受，还有"获知新鲜事物"的丰富感，"大家都安在"的安全感，甚至被人点赞夸奖的尊贵感。你因获得了各种"精神奖赏"，从而完成了你"逃避、拖延"的习惯运作模式。对了，在切换到这个习惯运作模式的过程中，感觉一眨眼的工夫，半小时便过去了，你的重要事情还没做呢！刚刚描述的这种情况，就属于不好的习惯，同样经历了触发点、启动惯常行为、渴求精神奖赏的过程。你每完成一次，就又加深了这个习惯的牢固性；下次再遇到困难的工作事项时，就会不自觉地启动"逃避、拖延"的习惯运作模式。是不是这样？那该怎么办？我们需要知道，如何改变不好的旧习惯以及如何建立新的好习惯。

02

改变旧习惯的巧妙方法 /

 **换掉坏习惯**

我先讲清楚这个大原则：旧习惯几乎无法消除掉，可行的办法是用移花接木的策略换掉它。

旧习惯很难消除，这是因为它已经被刻录到大脑的基底核，而且很可能经过多年的积累被加深了；就算是你努力想消除旧的习惯，它还是会存在于你的记忆深处，一旦被触发，还是会不自觉地依照惯常行为启动。所幸，我们用习惯运作模式将习惯拆解成了 3 部分，这样就有机会分开处理，进而达到控制它的目的。关于改变旧习惯的原理，下面采用"步骤说明＋让你同步实践"的方式讲述，以提升你的学习效果。

分析触发点

你想改变的一个旧习惯是什么？通常是在什么状况下发生的？比如，

你想改掉"逃避、拖延"这个不好的习惯，通常会在以下情况下被触发：工作任务比较复杂、困难的时候，要做的事很枯燥、乏味、没有意义的时候，做你不喜欢的事的时候……下面我们以实践练习的方式，让你快速学会分析。

【实践练习】你想改变的一个旧习惯是什么？这个习惯通常是在什么状况下被触发的？

写出所启动的惯常行为

这个旧习惯被触发之后，会启动哪些自动进行的行为步骤？比如，一旦你想逃避、拖延的时候，就会不自觉地拿起手机看微信朋友圈，在上面点赞和留言……

【实践练习】你想改变的这个旧习惯，一旦被触发，你会不由自主地做些什么？请详细写下来。

分析获得的精神奖赏

你在这个习惯的运作过程中，会获得什么样的快乐感受？比如，在"逃避、拖延"的习惯运作模式中，你从逛微信朋友圈的过程中，获得了朋友之间的关注感、存在感、丰富感，以及被人点赞夸奖的尊贵感等。下面列举一些常见的精神奖赏，以便你参考：安全感、舒适感、变化感、多彩多姿和兴奋感、愉悦感、爱与被爱的感受、与人连接的社会融入感、受尊重感、成就感、心灵的满足感、成长的喜悦感、为他人和社会奉献的满足感……

【**实践练习**】这个旧习惯使你获得了哪些精神奖赏？仔细分析，详细写下来。

写出新的惯常行为与精神奖赏

若想改变不好的旧习惯，正确的做法如下。

① 触发点不变：你不能改动的部分是触发点，否则你就改不掉这个旧习惯了。

② 惯常行为改变：你要做的是，用移花接木的原理将原本旧习惯的惯常行为改成你想要的新的好习惯。比如，对于"逃避、拖延"这个不好的旧习惯，你的惯常行为是看微信朋友圈，你需要将它改成新的惯常行为，如"再坚持十秒钟"，或者"站起来喝一杯温水、伸个懒腰，再继续做"，以及"完成了这件事再去朋友圈分享一下"（"再坚持十秒钟"是一种很有效的方法，之后我会详细说明）。

③ 精神奖赏尽量接近：如果你在移花接木地将旧的惯常行为替换为新的惯常行为后，最好还能获得同样的或接近的精神奖赏，这样才更容易成功。比如，你的新惯常行为，虽然没能让你通过在朋友圈点赞获得存在感，但能让你把工作任务更好地完成了，一样可以获得成就感、满足感。

【**实践练习**】在触发点不变的原则下，写下你将旧习惯的惯常行为换成什么？并且写下这个惯常行为会带来什么样的精神奖赏，而这个精神奖赏是不是能和原来的奖赏相同或接近，甚至更好？如果不行，请尝试写出更适合的惯常行为。你很可能需要反复尝试几次才能找出最佳方案。

写下你的"习惯提示卡"

我们再来加强一下，即补充一个很有用的小技巧。为了在下一次习惯触发点发生时，容易记住新的惯常行为，能将旧习惯切换成新的好习惯，建议你将刚刚规划出的新习惯内容，写在一张"习惯提示卡"上，方法如下。

① 请将刚才在第4点中写出的实践练习内容写在一张便利贴或便条纸上。为了达到一目了然的效果，字数可以再精简一些，如下图所示。现在请写出你的"习惯提示卡"。

② 将这张"习惯提示卡"贴在你的这类习惯最常发生的地方。比如，你的"逃避、拖延"习惯，最常发生在办公桌前，就将这张"习惯提示卡"贴在办公桌显眼的地方，如电脑显示器的下方，很容易就能看到。

③ 如果发现这个新习惯的内容还可以再完善，可直接在上面修改。

④ 通常在 2 ～ 4 周之后，如果认为这个新的"习惯提示卡"上的内容不太需要再修改，已经可以定型了，并且你也已经比较熟练了，则建议你花几分钟的时间，将这个"习惯提示卡"上的内容输入到云笔记上保存起来。就算之后你需要再次提醒自己，或者需要再修改，都会很容易实现（云笔记在之后的"高效工具"章节中会介绍到。如果你现在已经在用云笔记，那么直接用你熟悉的就可以了；如果你还没有使用云笔记，那我推荐的工具有"印象笔记""有道云笔记"等。若你还不太适应使用云笔记这类的工具，则可直接用手写的方式将其存放在你的记事本里面，唯一要注意的是：固定存放在一个地方）。如果你的旧习惯已经替换成功，新的惯常行为就会自动发生，那么这张"习惯提示卡"就可以"功成身退"了。

以后你想改变任何不好的旧习惯，依照以上步骤就能让其变得容易、可行。在此要恭喜你，又攻克了一个工作与生活中的大难题！

你学会的改变旧习惯的方法是少数人才懂得与掌握的技巧，先不用担心第一次的效果不够完美，你才刚学会，之后还有多次的实践练习机会。比如，克服拖延症，这可不是简简单单通过一次实践就能搞定的，我们之后会用一章的内容来专门讲解它。

 你需要靠激励才能成功吗

在知道了怎样改掉旧的习惯后，新的好习惯要如何养成呢？

想要事业有成、掌控人生，就必须激励自己一定要成功，对吗？不完全对！我试过了，千千万万的人也试过了，道理倒是听了不少，但靠激励取得的效果一般。若想更加成功，就要实实在在地高效起来；而最关键的一步，就是改掉多年积累下来的成百上千的坏习惯，并养成关键的高效好习惯，仅此而已。但这容易吗？

可行的方法有如下两个。

√ 改掉原有的坏习惯，可依靠之前介绍过的移花接木替换法实现。

√ 养成新的好习惯，一开始必须从一个非常简单且容易做到的习惯开始，目的是产生一个能持续的"势头"，再逐步养成该习惯。

一旦你掌握了这些高效的好习惯养成法，不论做什么事情，成功率都会大增；"激励"对你来说仅是锦上添花而已。

再补充一点，善用习惯最大的好处之一是：当你进行例行的常规事项时，潜意识的惯常行为在大脑运作的速度极快，比显意识的思考速度快了很多，这会让你反应快且果决，失误率也比较低。这些好处，对于平时动作反应就比较慢的人，或者那些优柔寡断的人来说，改变的效果会更加明显。

03

轻松养成新习惯的方法 /

 诀窍，就这一个

新习惯不容易养成，主要是因为：想要养成的习惯，做起来困难、复杂，或者觉得这事没什么意义、不喜欢做。比如，每天一开始上班时，最好先完成当天最重要的事。我们都知道这个道理是对的，但实际情况是：我们大多从初始时间点开始就拖延，因为通常最重要的事都比较复杂、困难。结果是好习惯没养成，拖延的习惯在重复不断。

之前我们学到，习惯是靠不断启动习惯运作模式的触发点、惯常行为的执行，以及精神奖赏的渴求和满足才能养成的。我们会在很多次的重复之后，将这个习惯深深地刻录到大脑的基底核中。但问题是，你想养成的好习惯，大多是你需要督促自己才能做到的，也都是"比较有难度"

的。比如，每天早起先做最重要的事、每周运动健身、每天看书学习的习惯等。结果都成功了吗？问题到底出在哪儿？

这个问题也曾困扰我很多年，明明知道需要养成一些好习惯，但就是难以坚持，一直到我摸索出下面这个"诀窍"，才真正开始取得不错的效果。我相信很多想提升自己的人，一辈子都没搞懂它，结果就是"有心无力，平庸一生"，多么不值！**若想养成新的好习惯，诀窍是：以创造出习惯的"势头"为首要目的！这一点太重要了！**

🚀 "势头"，来自持续的动能

由于习惯的养成，需要在大脑基底核中多次地刻录，所以一个习惯的养成，最关键的是重复多次，哪怕每一次都很轻微，其产生的惯性，也远远好于一次就打算刻录得很深。这就像是要在一块很坚硬的大石头上刻上你的名字，你手中握着一把小刀，是想一次就成功吗？比如，你的策略是"每一刀下去，石头表面就被刻出很深的痕迹，一次就刻好了。"那么，你的策略就错了。因为，除非你是武侠小说中内功深厚的绝世高人，否则不可能成功。同理，你想养成一个很有难度的好习惯，之前每一次是不是都不自觉地期待"我最好做一次就把习惯养成了"？策略错误啊！如果想在大石头上刻上你的名字，应如何做到？过程应该是这样的：先在石头上用笔描出你的名字；再用小刀在笔迹上精准地轻轻磨刻，每一个笔画都重复磨刻千百次以上，而且不能太用力。一旦太用力，不是容易划歪了，就是容易把刀头给磨钝了——这就像想养成一个新的习惯，你非常刻苦、用力地坚持，结果一次就"成功地让自己气馁了"。比如，终于下定决心去跑步健身，想要一次就跑出个足够好的运动效果来，结果真跑了一次，把自己累坏了，而这也是最后一次了。所以我认为，错误的认知会害死人。若不懂得诀窍，一辈子也难以坚持出结果。

那么，该怎么做？这就如同拿小刀在大石头上刻名字一样，应从一开始"很轻微而适度地用力"，但绝对不能太用力；接着要在同一笔迹上重复磨刻，直到出现深深的痕迹。

若要养成新的习惯，就需要创造出"势头"，所以在每一次行动的一开始，都要尽量简单而轻松，让自己愿意做，并且容易做到。一旦"势头"的动能产生了，有了惯性，将来再想增加一点点的质和量，都会变得容易很多，从而逐步帮助你养成新的好习惯。

 ## 惯性一旦停止，"势头"就会消失

为什么行进中的自行车能够保持平衡，而静止不动就会倒下？这是因为双轮不停旋转的陀螺效应，以及自行车前进的惯性，造就了一种动态的平衡。所以，要创造"势头"，就要持续地动下去，让惯性维持住。

创造出新习惯"势头"的做法

"肯定做得到"的起始目标

为了在新习惯的一开始，避免因为"抗拒复杂、困难"而退却，一开始的目标应尽量设置得简单、容易。比如，想开始养成慢跑的习惯，一开始不要强迫自己跑 45 分钟或 1 小时以上。能不能将目标定为 3 分钟？你对于这样的目标有什么想法？首先，你会不会觉得这有什么难的，太简单了吧？一定能做到，就算我不换上跑鞋、运动服也能做到，对吧？其次，你可能会想，这样的运动量哪里够呢？先别担心，记住我们的主要目的是每天能够做得到，每天在大脑的基底核刻录一下，逐渐创造出一个"势头"的惯性，从而养成新的习惯。在习惯养成之后，你可以再逐步增加质和量。**记住：好习惯的养成，需要简单易行的开始，目的是创造出"势头"的惯性。**

"再坚持十秒钟"原则

在你一开始养成一个新的好习惯，或者正在改变一个坏习惯的过程中，难免会遇到想逃避和拖延的情况。而成败的关键就是能不能维持"势头"的惯性。一旦中断了、静止不动了，就无法在大脑基底核继续刻录，新习惯就无法养成。所以，为了达到持续"势头"惯性的目的，可以在每次想逃避和拖延的时候，**告诉自己"再坚持十秒钟！"**

这个方法特别有效，原因是它很容易做到，除了能让你在大脑基底核持续刻录新习惯外，还能让你负责自律的大脑前额灰质区更加活跃，从而容易坚持（注：大脑前额灰质区的原理会在"拖延症"的章节中介绍）。并且，在现实情况中你会发现，几乎每一次的坚持都能远远超过十秒钟。这是因为大脑中的"势头"惯性在持续开启着，新的好习惯就容易养成了！

触发点的醒目提示

大多数的知识型工作者都知道，在办公室里长期久坐对健康不利，应该每隔一段时间就站起来活动活动，但你做到了吗？原因很简单，一忙起来就忘了，对吧？所以，不少智能手表设计了一个在久坐一段时间后会自动提醒你起来活动的功能，很有用。这就是一种高效的小工具。同理，如果你想养成一个好习惯，很多时候不是不做，而是忘了做，所以，有一个简单而有效的小技巧：在你需要做某件事的地点和时间，利用一张小便利贴提醒自己。

当下可获得的精神奖赏

有没有见过每次在海豚表演完一个动作后，训练师就丢一条小鱼喂它？这是训练海豚表演习惯性动作的有效方法。若想加强好习惯的养成，我们也需要在自己执行了新习惯的动作之后，立即给自己一个奖赏，以增强新习惯"势头"的惯性。当然，不见得是一条小鱼，其实精神上的奖赏就足够了；有时甚至不需要你额外做些什么，因为好习惯已经很容易为你带来一些好处，如成就的满足感、掌控感等。最关键的是，你需要知道对于某一个好习惯的实践，你会获得什么样的精神奖赏，你是否能得到；或者需要主动规划，以确保你会得到这些奖赏。

04

珍惜短暂的生命？别光说，要动起来

惯性思维，就是我们多年积累下来的一种认知习惯。我们要养成一个重要的、高效的好习惯，同时改变我们误以为"生命很长"的错误认知，以珍惜短暂的生命，积极起来！这很重要对吧？但我们不要只是讲一讲道理，而是要来实际做一做。

大家有没有想过，人活着的意义是什么？如果不思考这个问题，那你我这一生的过程跟结局都会是一样的，那就是活过、死了。更吓人的是，这个过程会快到让你难以想象！之前已分析过，我们的生命平均来说不到 3 万天，而从 27 岁到 55 岁的黄金年华，也就只有 1 万天。如果你已经超过了 27 岁，那黄金年华就只剩下几千天了。你说几千天多不多？

在我跟学员讲到这部分内容时，有些人告诉我这让他整个人都惊醒过来！也有些人仅是听听这个道理，但没有太多的感觉，原因是"感受不到"。所以，我送你一个礼物，让智能手机每天自动提醒你：你的黄金年华还剩下多少天。如果每天看到这个数字，你会感觉怎么样？我让我身边的人都这么做，就连那些原本没什么感觉的人，在每天看到自己黄金年华的倒数天数之后都说："尹老师，这感觉太震撼了！现在才知道，我的一生原来这么短，每天的时间有多宝贵，我现在就连走路都想换成跑！"你看，这样就不用任何人督促他珍惜时间了。我建议你也试试看，就怕你不敢面对。

让智能手机 App 来协助你养成珍惜时间的好习惯，即要善用自己的智能手机，让它发挥出高效的作用，用"人工智能"以及"自动化"来为你服务，否则它就只是个"傻瓜手机"了。下面我会带着你，让智能手机来协助你养成一些好习惯。

【实践练习】

1. 在智能手机里下载免费或费用不高的 App，比如，"倒数日"App（也可以下载类似的 App）。

2. 你希望何时退休？如果你想要金钱无忧且能早一点退休，那么我们现在就要开始好好地努力。比如，你现在 30 岁，打算 45 岁退休，也就是说你的事业黄金年华还有 15 年。所以，现在请你进行如下设置。

① 你今年几岁：$S=$ _____ ；

你预计几岁退休：$T=$ _____ ；

你距离退休还有多少年：$T-S=$ _____ $=N$ ；

你退休那一年是：(今年的年份) $+N=$ _____ 。

② 在"倒数日"App 里添加新日子，也就是新增一个你的倒数日。

③ 添加新日子的"事项名称"由你自己决定。例如，"我的黄金年华"或者"我的精彩人生"。

④ 日期设置到你退休那一年你生日的那一天。例如，2033 年 4 月 28 日。

⑤ 最后将"提醒"设置为"每日提醒"。以后每天早上，这个 App 就会自动提醒你还剩下多少天。你看到或看不到这个数字，为你每天带来的"紧迫感"完全是两码事！

有了这个"倒数日"App 自动提醒的协助，你每天就更容易看到自己的黄金年华还剩下多少天了，它提高了我们每天自动计算的效率。但这只是一个方便的工具，我们还需要一个步骤来让自己养成珍惜时间的好习惯，即每天在大脑基底核刻录。若想养成新的好习惯，我们的行动需要符合以下原则。

🚀 "肯定做得到"的起始目标

我们的目的是创造出一个持续的"势头"，所以一开始的目标要简单易行。比如，每天早上将"倒数日"App 给出的黄金年华倒数天数写在一张便利贴上，即你只需要每天早上在这张便利贴上写上一个新的数字，这很容易做到，对吧？

【**实践练习**】请拿出一张便利贴，看看你"倒数日"App 上的黄金年华倒数天数，将其写在便利贴上，以此作为养成好习惯的开始。以后每天早上，划掉已逝去的日期，再写上新的倒数天数，就这么简单。

 "再坚持十秒钟"原则

原本你应将每天早上"倒数日"App 中跳出的黄金年华倒数天数，写到倒数日的便利贴上，但你想偷懒、拖延，怎么办？再坚持十秒钟对吗？对于这个例子，很容易坚持十秒钟，而且很棒的是，在十秒钟之内你就能完成这件事，这会给你一个"再坚持十秒钟其实挺好"的感觉。当然，如果是面对其他比较复杂的任务事项，即便"再坚持十秒钟"也是无法完成任务的，但至少能给你一个持续的"势头"和动能。

 ## 触发点的醒目提示

为了能用黄金年华倒数天数来提醒自己珍惜时间，最好是将这张便利贴放在工作中最醒目的地方，如电脑显示器的下方。

 ## 当下可获得的精神奖赏

如果你每天都完成了这个小行动，而且每天都看到自己黄金年华的倒数天数，那么我相信你会获得如下感受。

- √ 在每天写黄金年华倒数天数的时候，会有一种仪式感—我在为我的黄金年华和人生负责。
- √ 因为这种方式在时时刻刻提醒自己要更加珍惜每一分、每一秒，所以能在潜移默化中让自己减少拖延，变得更加积极，这会让你在结束一天的工作时，觉得更踏实，甚至更有成就感。当然，这需要一个过程。
- √ 正是因为你在好习惯养成的过程中感受到了仪式感、踏实感、成就感等，你才更加愿意每天继续这么做，从而维持一个很好的"势头"。

恐怕没什么人会像我这样来提醒你：我们的人生很短，应活出属于自己的精彩！我用这种"改变你惯性思维"的方法来调整你根深蒂固的认知，进而自然而然地让你养成新的习惯，不舍得浪费一天的宝贵时光。

若要高效，最重要的是：去除错误的认知，建立正确的惯性思维，养成好习惯。 我已经将几个你需要具备的元素，巧妙地融合在一起并贯穿于本书中，你只需要顺着内容阅读并实践，就能得到最大的收获。我的目的就是要通过这样一种很务实的方式来协助你、引导你，让你变得更高效，并且每天过得更充实、更快乐，甚至能大幅提升你这一生的成就，你说好不好？希望本章作为我送给你的小礼物，对你有用！

 【**总结与行动**】请拿出自己的记事本，用自己的话语做个心得总结，并写下至少第一步的行动。

第三章

不妥协？改变人生轨迹的方法

01

企业最重要的资产不是"人"，是"人才"

　　如果你是企业的领导者，要想公司持续地盈利，最关键的，就是看你和你的团队是不是冠军级的人才，能不能在激烈的竞争环境当中，不断地因把事情搞定而胜出，也就是需要足够高效。所以，企业是不是高效，全看团队中的每一个人是不是高效，也就是办事效率是不是够高、产出是不是够好，你说是不是？

　　真正的冠军级人才，是难以取代的。那么我先问你：你和你的团队够不够高效？你们有没有比竞争对手更高效？可能你从来没思考过这一点，对吗？如果还没有明显地比竞争者更高效，该怎么办？是不是应该赶紧让自己和团队都加速学习、成长？我再问你：你们现在学习、成长的速度够不够快？你有没有发现，归根结底，企业盈利增长的速度取决于企业人员的能力和成长的速度。所以，大家会说："人，是企业最重要的资产"，对不对？不对！

"人"并不是企业最重要的资产，"人才"才是！怎样才算是"人才"呢？我的解释是这样的：

"人才" = 可带领企业，或为企业以最快的速度、做最正确的事、产生最大回报的人 = "高效率×高效能"的人。这里要解释一下这个重要的观念：

$$高效 = 高效率 \times 高效能$$

做事速度最快的　　产出最大回报的

Productivity　Efficiency　Effectiveness
　　　　　　(Speed)　　(results)

所以，高效就是用最高的效率做出最好的成果，并且两者的效果是相乘的。但问题是：怎样才能做到？

这其实没有一个固定的答案，并且很不容易做到。因为每一个人的工作性质和场景都不太一样。我为你总结出了高效的核心原理，并且让你尝试把它应用到你专属的工作场景中。高效，其实是一个系统工程，我会在这里一步步地带着你改变原本的惯性思维，建立一个新的高效系统性思维，让你成为一个冠军级的高效领导者或人才。

有人会想：是不是冠军级的人才，对我来说真的那么重要吗？

让我换个方式来问你：你给自己算个命，你这辈子会不会拥有一个很有成就、很精彩的人生？你"算"得出来吗？很难说是不是？不过，有一个方法可以相对准确地预测出自己的命运：先从自己典型的一天都做了什么来预测人生轨迹的趋势，再从人生轨迹的趋势预测出这辈子会拥有一个精彩的人生还是一个遗憾的人生。

接下来我们来玩个小游戏，我会问你 10 个问题，以此测试你典型的一天是怎样度过的。在以下这 10 个问题中，如果你有与描述相符的情况，则勾选前面的"□"，并计 1 分（补充说明：如果某一题你觉得有一半符合，也计 1 分）。准备好了吗？

□ **不断看手机。**做事的时候，常常会不自觉地拿起手机看一下，看看微信或朋友圈等，时常会一看就是好一会儿，并且每天不自觉地看手机的次数挺多。

□ **网上迷失。**有时候开手机或电脑是为了找一个东西，结果看到另一个有趣或让你好奇的标题、视频时就点进去看了。之后又链接到其他的地方。结果已经忘记了一开始要找什么，好久之后才回过神来。

□ **救火队员。**每天一上班就不断有同事、员工来找你，问你这事、那事要怎么办，或找你帮忙。一整天你都在"救火"。一天很快就过去了，到了快下班的时候才发现自己最重要的事大多没完成。

□ **热锅上的蚂蚁。**感觉每天都很忙、很累，但是一整天下来，觉得进展不多。

□ **拖延症。**在每次要做重要的事时，也知道要赶紧做好，但是时常会先去东摸摸西弄弄的，老半天还没开始。或刚做一小会儿，就觉得这件事比较麻烦或无趣，心想之后再说，又做其他比较容易的事了。

□ **琐事很多。**每天琐碎的事做了不少，但是最重要的事总是进展很少。

□ **体力不支，或无精打采。**在工作的时候，时常会觉得累，常常无精打采，或健康情况不太好，也知道该运动健身，但真的很难坚持。

☐ **不自律**。到了晚上，心想现在终于是一天当中完全属于我的时间了，就开始不停地玩手机，到了很晚还没睡，因此第二天精神不太好。

☐ **缺乏学习**。知道该多学习、多看书，一整年下来书是买了一些，但没看多少，甚至不少买了的书完全没开始看。

☐ **无所适从，压力大**。对很多事情都不满意，感觉压力很大，但又不知道该怎么办。

计算一下你一共得了几分？

√ 0分：除非你是顶级的高效冠军，否则就是欺骗自己了！

√ 1～4分：情况比较好，你如果能够好好学习，比较容易成为高效的专家，前途一片光明！

√ 5～7分：你现在每天是很低效的，你的一生会因低效而很难获得好的成就，后面的内容要专心学！

√ 8～10分：你已经到了"低效癌"的程度！这本书会帮助你重新看到人生的希望！

如果你不满意现状，那么应如何改变人生轨迹呢？我的建议是：请你最大化地帮助自己——不要只是"看书"，而是要"实践"，包括本书之前和之后的内容。你同意吗？

【**实践练习**】写下你的感想与下一步的行动。

02
为什么仅改变心态还不够

我们都想获得成就与财富，但是如果你不做出巨大的改变，那么这只是个幻想，而不是梦想。

世界上的第一位亿万富豪，也是全球历史上除了君主之外最富有的人——约翰·洛克菲勒曾说过："如果把我全身扒个精光、丢在沙漠的中央，只要一行驼队经过，我就可以重建整个王朝。"

如果你想拥有更大的成功、财富，以及任何你想要的，最好的方式不是给你很多钱，而是给你像洛克菲勒那样的"性格"！可能有人认为他的成功源于他有"坚信自己一定会成功"的信心和心态。或许吧！其实我们应了解更深一层的原因：性格与信心都来自什么？来自一个人的惯性思维，也就是他的思维习惯，也可以说是他的"认知"。

下面我就带着你搞懂这个所谓的"成功人士思维习惯"原理，这等于是帮助你启动大脑里的一个重要机关，接着让你一步步学习高效的正确原则，让我们这些"一般人"，也能用科学、理性的方法，踏入成功人士的殿堂！

知名的心理学家亚伯拉罕·马斯洛曾说过："心若改变，你的态度跟着改变；态度改变，你的习惯跟着改变；习惯改变，你的性格跟着改变；性格改变，你的人生跟着改变。"所以，通过转变心态可以改变人生的命运，对不对呢？"成功学"就说：很对！然后不断地给你"打鸡血"，结果你激动了一阵子，之后呢？被打回原形！这个"改变心态、改变人生"的道理是没错的，错在于：我们的心态是很难通过激励永久改变的！因为在心态的底层还有一个惯性思维，而陪伴它的是你的盲点。盲点是什么？就是自己看不到的、不会承认的观点。

你的命运，是如何被塑造出来的呢？原理如下图所示。所以，如果想改变命运，最先需要改变的是你的惯性思维。

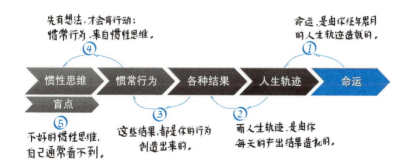

如果你的惯性思维没有改变，甚至颠覆，你的行为就不会改变。这时，所有的方法论都会无效，即便取得了些许进步，也难以坚持，很快又会

被打回原形。

不过，即便你的思维被改变，若没有方法和工具，也难以每天坚持。你要知道，后面要教你的一些高效的方法和工具，都不难学，最难的是你的惯性思维能不能改变，这个部分非常有挑战性，我会尽可能地帮助你。

所以，唯有先改变惯性思维，再使用适合的方法和工具，才有可能持久地改变你的人生，活出你的精彩。

【**实践练习**】在了解了命运与惯性思维的关系后，你的感想是什么呢？请写出你的下一步行动。

03

修正这些惯性思维，
才有可能高效起来 /

 高效不是时间管理，而是"效率＋产出"的提升

有些人认为：每天的时间不够用，所以要做好"时间管理"。对吗？
不对。让我们先来澄清一下"时间管理"（Time Management）这个概念。
时间有两个真理特性：

√ 每个人的一天都是 24 小时，一秒不多，一秒不少。

√ 时间不受任何人的控制，你无法"借"时间或"储存"时间。

时间只会不断地流逝，你是无法控制或管理时间的，所以我们所说
的"时间管理"并不成立。我们真正应该管理的是每天一个个发生的或
要执行的事项。

更重要的是，在过去的工业时代，工作主要是按时计酬的，所以时间管理还算适用；但是在今天，早已是"知识型工作者"的时代。我们更在乎的是怎么把好结果做出来，而不是每天工作了几小时，甚至有不少比较先进的企业，已经不在乎员工是不是每天来公司上班，只在乎有没有好的产出结果。所以，现代是高效的时代，只讲时间管理早已过时，即**工业时代：时间管理；"知识型工作者"的时代：高效。**

因为所谓的时间管理，不过是"可以在同样的事项上，做得比别人更省时间或速度更快"，也就是效率更高。但是，其实你不但需要效率高，还需要效能好，也就是要有更多、更好的产出。高不高效，要看效率与效能两方面的表现。

√ 效率（Efficiency）：做事的速度有多快，或在同样的时间里能否做完更多的事项。所以，不同的人有可能是"效率高手"或"无头苍蝇"。

√ 效能（Effectiveness）：产出的结果、产品、质量、业绩，能否比别人更好，以获得比别人更高的利润与更好的回报。所以，不同的人有可能是"高效能人士"或"慢郎中"。

仔细观察那些在事业上表现得出类拔萃的人们，他们共同的特点是"效率高"并且"效能好"，也就是高效（Productive）的人既是"效率高手"，同时也是"高效能人士"。

如果你也想在事业上、职场中取得非凡成就，那么就必须做到高效而不是时间管理。请注意：**高效＝效率高＋效能好＝在更短的时间内产出更多、更好。**

高效不是做事速度更快，而是更快达成人生与事业目标

大家都说：天下武功，唯快不破！对吗？不完全对！其实，所谓的"快"被很多人误解了，"快"不见得是速度快，而是达成结果快！

举个例子：武术高手在比拼时，速度快的人会比速度慢的人强吗？如果两个人的招式和功力差不多，那的确如此，两个人同时出一样的拳时，速度更快的人会先击中对方，当然会获胜。但如果一个出拳比较快的人，遇到一个高手，快拳一动，高手只要抓准对方出拳的路径，等着拳头过来，搭上手，再一带，快拳手就一个跟头摔出去了。就像是太极高手，他的动作不需要比快拳手更快，而是更有谋略、技巧和内劲。当然，如果这个太极高手的动作也跟快拳手一样快，那么高下的差别就更大了。**请记住：高效的目的，不是更快地"做事"，而是更快地"达到目的"！**

高效不能只靠强迫自己改变生活习惯，而要用科学方法打破原本的惯性思维

我很怕别人跟你强调一定要改变生活习惯，却只告诉你要坚持、要改变，这样的强调真的会让你改掉不好的习惯吗？给你"打鸡血"，可能能让你坚持一阵子，但之后很快又被打回原形了，是不是？

想要养成一些好习惯是没错的，但需要用科学的方法。高效的原理，就是在用各种科学的方法让一个人先打破原本的思维惯性。思维变了，行为自然会改变。再利用前一章介绍的习惯养成法，你不仅能够打破原本不好的惯性思维，还能自然而然地实践新的好习惯。

 ## 高效不是做更多的事，而是更专注地把每天的要事达成

高效不是要你每天做更多的事，而是只专注并做好当天最重要的几件事，这就能够产生巨大的效果了！

所以，很多时候每天要做的事，不见得会更多，而是更加有选择性。因为有些事你做了，能让你向着梦想和目标更进一步，而有些事其实根本无关紧要。我们要做的就是舍弃或大幅精简那些不必要的事。

 ## 高效不是一定要特别早起，而是要掌握好个人的精力状态

现在有不少人推荐"早起"：5 点多就要起床，还要"打卡"，甚至强调这是让一个人更成功的最重要方法。我在 20 多年前就从国外学习了这种方法，多年来尝试过很多次，也曾在几年间坚持每天 5:30 就起床。但是经过多年的实践得到的结论是："早起"是把双刃剑，因过早起造成睡眠不足反而有害，"睡足了正常起"才是对的。

为此，我还专门做了很多调研，去咨询那些成功人士、职场精英、中小企业老板、创业者……得到的结论是：早起和一个人的

成就大小没有直接关联！比如，马云就曾公开表示："我起床比较晚。"我认为更加正确的原理应该是：**你的睡眠质量会影响到你在第二天的精力状态，所以它才是影响你能否获得优秀表现和极大成就的关键。**而早睡早起，的确是比晚睡早起或晚睡晚起要好很多，但是以下原则要把握好。

睡眠时长

① 平均来说，每晚要睡足 7 小时。美国疾病防治中心的报告显示，正常人每晚需要睡眠的时间是 7～9 小时，否则会影响健康。健康情况差了，效率自然会变差。

② 晚上睡眠的周期，有浅睡期、深睡期、快速眼动期（睡眠的后期，接近清晨时较多），而大脑的清整功能（记忆、思绪的清理与存储）大多是在快速眼动期进行的。如果睡眠时长过短，快速眼动期就不足，从而造成大脑清整不够完整，进而影响白天大脑思维和记忆的能力，使人变得比较低效。

③ 我经过常年积累、实践得到的结论是：我们每损失一小时的睡眠，由于大脑思维效率的下降，精力状态会下降 20%～50%，大约会造成白天 2 小时的效率降低。更严重的是，对于"知识型工作者"来说，你在做一件事的时候，唯有达到极度专注（以产生最好的创意或想出最佳解决方案），才有可能取得非凡成就。如果做不到极度专注，即便再给你几倍的工作时间，也做不出好结果。那要如何达到极度专注？先决条件就是你在前一晚是否有充足的睡眠，当天是否精力充沛。如果你睡眠不足，是不可能达到极度专注的，就算是通过喝咖啡、喝茶来提神，效果也会大打折扣，而且长期来说对健康非常不利，是在"吃老本"。

上床、起床时间

① 晚上 11 点～凌晨 1 点是大多数人"生长与修复荷尔蒙"分泌的旺盛期（处于深睡期），所以最好在这个时间段已经上床睡觉了，否则，身体的自然修复机能会明显下降，进而影响健康。最明显的就是身体透支，久而久之就会影响脏腑的机能。

② 如果像不少人要求的那样早晨 5 点多就起床，而你需要睡足至少 7 小时的话，那你必须在晚上 10 时就上床睡觉了。这对于很多现代人来说现实吗？你愿不愿意每天晚上 10 点就睡觉呢？我认为对于不少"知识型工作者"来说不太现实。比如，晚上这段时间我还在阅读、放松、冥想打坐，或和我的亲人、爱人、朋友聊天。难道我要放弃我的社交生活，以及与亲人、爱人在一起的宝贵时间吗？再者，如果你计划早晨 5 点起床，结果早上实在太困了起不了床，之后反而会觉得内疚、自责，甚至让一整天都效率低下。

③ 对于大多数人来说，建议晚上 11 点上床睡觉，最迟不要超过 12 点，睡足7 小时。你可以根据个人的情况，即早上几点必须起床来推算晚上几点需要上床睡觉，再看看上床的时间对你来说是否合理，通过反复几次实验来决定作息时间。

5点钟痛苦起床，结果睡眠不足只睡5个小时，睡不够，身体的修复与大脑的清整功能都无法完成，影响白天大脑思维效率。难专注，因而变得低效，也对健康很不利。

需很早睡，不少人难做到若要5点半起床，又要睡够7个小时，就必须晚上10点钟睡觉，也就是大约9点半就要准备上床了，对于不少人来说，很难坚持。

睡足了，精力充沛晚上11点上床，12点钟之前入睡，睡足了7个小时，白天精力充沛，精神好，思维清晰能专注，比较能做到高效。

　　请注意：高效的关键是拥有好的精力状态和做到极度专注，与时间管理无关。所以，晚上 11 点睡觉，还是比较切合实际的，不需要理会那些强迫你一定要早起的建议，更不需要内疚。你只需要在白天做到高效产出，向你的梦想和目标大步迈进，就已经很好了。我们高效的目的，不是要过苦行僧般的日子，而是要在获得最大成就的同时享受人生，并且成为最好的自己、更加先进的人类。你说是不是？

 ## 高效是个专业活

　　高效一点也不容易，是个专业活，否则也不会有这么多人专门在研究这个话题，包括高效的专业道理和方法，还有落实高效的心力和体力，都很不容易。其实这是一个机会：如果你比竞争者更高效，你的胜出概率就会大增！而我们要学的，是最有效、最简单愉悦又容易做到的方法。

以有效性来评估各种观点，不要被误导

　　因移动互联网的便捷性，你随时随地都能看到各种"理论观点""专家言论""成功秘诀""心灵鸡汤"等，但从实际有效性来看，90% 以上的内容都是错的、误导人的，或没有效果的，否则大家早就做到了、成功了。比如，要你每天写日记，或者每天记录时间用在了哪里。做了这些能让你更成功吗？每一种我都老老实实地尝试过很多年，也都详细调研过，结论都是无效，也就是说这些和现代人的成功和成就没有直接关联，去坚持这些让生活变得更苦又没有意义的事，值得吗？

04
为什么要高效 /

在学习任何技能或做任何事之前,最重要的第一步是什么?明白学习或做事的理由,以及对你的价值。因为这是你的驱动力,也就是你为什么要高效。这是启动的开关,这是一大堆 0 前面的那个 1。

若要达到高效,你的很多习惯必须调整,否则就不会有什么变化。而养成新的高效习惯,需要有动力、有意义,也就是很清晰的"理由"——你想要什么?理由是什么?挑战是什么?

请注意:理由,带出意义,进而产生动力。举个例子:我从很年轻的时候就很热爱研究如何才能更高效,这是因为高效和我在乎的"理由"有直接关联:我想买一款新出的 DENON 音响系统,理由是:我特别喜欢好听的音乐,喜欢享受人生!挑战是:我大学刚毕业,手上没什么钱。所以,我该做的是:提高效率并积极表现,在半年内能够得到公司领导的认可,获得加薪;白天加快速度完成任务,以便为晚上腾出时间写稿,将其投到杂志社可赚取稿费。

请想想看，你要学习高效的理由是什么？我再举几个简单的例子：

✓ 我之所以想要表现杰出、实现财富自由，是因为我个人还不够强大，不能实现我的梦想。

✓ 我之所以想拥有更多自由的时间做自己喜欢的事，是因为我喜欢享受人生！

✓ 我之所以喜欢生活在自己的掌控之下，是因为我喜欢这种受人尊重的感觉！

✓ 我之所以喜欢不断地学习成长，是因为我喜欢提升自己的感觉。

【实践练习】现在请写下"你学习高效的理由"，几个字或一整段话都行。

【总结与行动】请拿出自己的记事本，用自己的话语做个心得总结，并写下至少第一步的行动。

第四章

拿回掌控权？先搞懂聪明的时间线

01

聪明工作的起点 /

之前我聘用过两个实习生，他们是同班同学。凡是想来我这儿工作的人，人事部门都会在面试时先测试他们的智商（IQ）。原因是：一个人的智商跟他的学习能力高低有直接关联。他们两人的智商差不多：一个 115，一个 118。有趣的是：我们每天给这两位年轻人指派的工作量是一样的，其中一个人每天忙得不可开交，到了下班时间还有很多事没完成，产出的结果也不太好；而另一个人，每天在下午不到 5 点时就已经把当天的事全部完成了，产出的质量也相当高，每天下班前就在办公室到处找人聊天，他跟公司里面的人关系都很好。在我发现这个有趣的现象后就开始观察他们：到底是什么原因造成了这样不同的结果呢？对了，表现比较好的实习生是智商 115 的那位，反而是智商 118 的那位没办法完成每天的任务。在观察他们一阵子之后，我得出两个结论。

√ 一个人的智商高低，跟工作、事业上的聪明，不是完全画等号的。

✓ 这两个人，一个是努力工作，另一个是聪明工作，也就是英文里常常
讲到的 Work Hard 和 Work Smart。

请思考：我是努力工作，还是聪明工作？ 你想知道这两者的差别到
底在哪里吗？有些人很努力工作，但弄不懂为什么工作时间那么长，事
情还是办不好，做不完；而有些人可以在比较短的时间内做出很好的结果，
我将这类人称之为"聪明工作者"（Smart Worker），也就是"高效的人才"。
聪明工作者跟一般人最大的区别是懂得以下两点。

✓ 知道"只需要做正确的事"，而尽量舍弃其他的事不做。

✓ 先想出"事半功倍"的高效做法，也就是先快速规划，然后再执行。

在我这么多年研究高效的经验当中，我发现只有非常少的人天生就
拥有一些高效的能力。不过，若是这些天生的高效人才跟一个专业训练
出来的高效专家比较，也只能达到高效专家 20% ～ 30% 的程度。所以，
如果我们好好地学习高效的专业能力，想要达到"聪明工作"的效果是
指日可待的。

我先介绍几个高效的基本原则，这些是聪明工作的起点。

✓ **第一点，分辨出最重要的事、列出高效优先序：** 我们每天的事情是做
不完的，关键是每天完成的是不是"最重要"的那部分。只有这样，
每天才有可能向着你的目标大步迈进。因此，我们需要知道怎样分辨
真正最重要的事，怎样安排出高效的优先序，否则很难决定哪些事情
先做、哪些事情可以押后再做，甚至可以不做。

✓ **第二点，最大化每天的时间价值**：世界首富平均每天能赚到的钱，要比一般人高出很多，也就是说，他们每天产生的价值比我们高出很多！所以，我们要懂得最大化我们的时间价值，而且令其每年能够不断地增加！

✓ **第三点，极为专注，高效产出**：若要成为聪明工作者，那你必须做事高效，必须很快做出结果，或者进行迭代改良。也就是说，你的效率必须很高，成果必须很好。若要做到这一点，就需要懂得工作高效的原则，包括如何做到非常专注，也就是在做一件事的时候极为专心。你看一个学生念书是否非常专心，对学习的效果影响大不大？

在这里我只提到了 3 点最为关键的聪明工作法，当然还有更多，接下来就让我带领你一一掌握它们。

02

聪明人的高效动态时间线

大家应该都听说过"80/20理论"，但为什么发挥不出应有的效果？懂，但做不到对吗？这是因为大家欠缺了一个环节：如何搞清楚哪些是20%高优先序的部分。"80/20理论"的例子如下：

√ 20%的关键少数，要比80%的平凡多数更重要。

√ 20%的重要客户，会带给你80%的收入。

√ 20%的少数人口，掌握了80%的财富。

√ 20%的销售人员，会带来80%的业绩。

这似乎是一条自然法则。同样的道理，我们每一个人都有很多的责任，手上该做的事情可能有成百上千件，很难做得完。如果把这些该做的事，一个个仔细检查一番，你会发现里面顶多只有20%的事能够真正对你的事业和人生有帮助，另外80%的事，你做或不做，对你的影响恐怕都不大。但是如果不仔细分析，你很难看得出来，以为那些80%的事也很重要。

到此你虽然懂了这个"80/20 理论",但又如何？关键是如何善用这个原理创造出对自己的好处。其中最关键的部分是：从手头上要办的所有事项中，区分出最重要的 20%（关键少数），这就需要你懂得如何正确制订出一件事的优先序了。

在生活中最重要的事情不见得很紧急，比如健身运动；而紧急的事情也不见得一定重要，比如来了一位不速之客，你不得不接待他。很多人每天生活在一连串的"紧急事项"中，而当事情很紧急时，不论是不是重要，也不管当时我们正在做什么，通常我们都会立刻处理。但如果生活中绝大部分时间都在处理"紧急事项"，这就变成一个很大的问题：因为你没办法完成当天最重要的事情，很多重要的事情都会被延后，最后又变成更多的"紧急事项"。这样的恶性循环让你变成了企业里的"救火队员"。而当你感觉每天事情很多却又无法完成当天最重要的事时，你就会觉得心里很不踏实，压力越来越大，心理和身体也会逐渐出现问题。更糟的是，你发现自己没时间关心家人，回家之后也特别容易心情低落，甚至跟家人吵架。我发现很多人都有类似的情况，对工作充满了抱怨。但很少有人发现，其实问题的症结是由"最重要事项"的进展很少导致的。

若想从根本上解决这样的问题，就需要先打破自己的惯性思维。这个概念不太容易懂，也困扰了很多人，所以，我通过两张动态图来帮助你理解：请先看"繁忙人士"时间线。

"繁忙人士"时间线

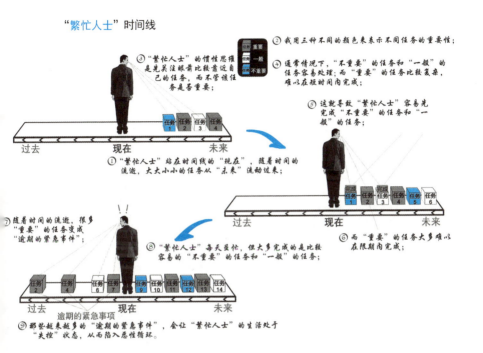

③ "繁忙人士"的惯性思维是先关注眼前比较靠近自己的任务，而不管该任务是否重要；

② 我用三种不同的颜色来表示不同任务的重要性；

④ 通常情况下，"不重要"的任务和"一般"的任务容易处理；而"重要"的任务比较复杂，难以在短时间内完成；

⑤ 这就导致"繁忙人士"容易先完成"不重要"的任务和"一般"的任务；

① "繁忙人士"站在时间线的"现在"，随着时间的流逝，大大小小的任务从"未来"流动过来；

⑥ 而"重要"的任务大多难以在限期内完成；

⑦ 随着时间的流逝，很多"重要"的任务变成"逾期的紧急事件"；

⑧ "繁忙人士"每天虽忙，但大多完成的是比较容易的"不重要"的任务和"一般"的任务；

⑨ 那些越来越多的"逾期的紧急事件"，会让"繁忙人士"的生活处于"失控"状态，从而陷入恶性循环。

如果你每天有很多"逾期的紧急事项"，那你的专注力就会集中在"繁忙人士"时间线的左手边，即过去。每天会被这些堆积如山又十万火急的"逾期的紧急事项"逼得喘不过气来，更不用说有什么时间和精力做其他的事情或者制订针对未来的计划了。你也没时间陪伴家人或去健身，你的生活会处于"失控"的状态，完全被做不完的工作给控制住。每天会觉得压力特别大、特别忧虑。这类人属于"低效"的人。

请注意：每天专注于"救火"的人，将会遇到更多的火灾！ 我们再继续看下一张动态图："高效冠军"时间线。

"高效冠军"时间线

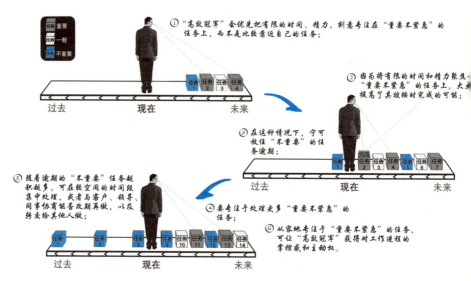

最理想的生活状态是每天可以把大部分的时间专注于右手边的"未来"，也就是任务的期限远远还没到，你就已经预先把事情处理好了，你不会堆积一大堆要救火的紧急事项，也做到了"未雨绸缪"。你会感觉一切都在你的掌控之下，从而能够高枕无忧。当你逐渐有多出的时间和精力时才有可能处理一些过期的非重要任务，从而做到从容地专注在"重要不紧急"的任务上，慢慢地形成一个良性循环。达到这种境界的人就属于"高效冠军"了。

当然，这里讲的仅是一个理想情况，现实生活要比此处描述得更复杂，但是只要清楚了这个重要的概念，就会让你的惯性思维得到转变。而这个"认知"的转变，将会产生潜移默化的效果。

03

你是四种人中的哪一种

下面将继续为你做个更深入的分析，以提升你的高效惯性思维。从一个人是否容易成功的角度来看，我把人群划分为以下四大类。

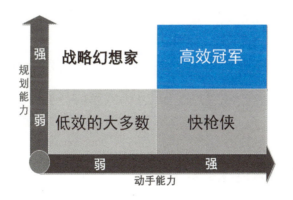

 **低效的大多数**

很多人都属于这个类型，每天看着手头有哪些事要做，也就是在时

间线已经很靠近自己的右侧有什么大大小小的任务，通常是被动地接受别人交付的事情。同时，在时间线的左侧，已经堆积了很多已经过了期限，或没做出结果的重要紧急事项，所以，每天也会被别人追着要东西，或自己心里知道还有很多事该做却没完成。这一类型的人，不太清楚自己到底要的是什么，很多事情也比较难决定。我把这类人称为"低效的大多数"。

🚀 快枪侠

这类人的动手能力比较强，一旦看到或想到什么事就立刻做，比较随性，甚至会突然说走就走，完全没做预先的调研和准备。这类人的动作比较快且直接，不赶紧把事处理掉会受不了。其好处是：执行力通常会比较强，但容易只看眼前的事，也就是时间线右侧靠近自己的任务，较少做长远的预先规划，也就是时间线右侧比较长远的事，甚至有些人是胸无大志的。我把这类人称为动手能力强的"快枪侠"。

🚀 战略幻想家

这类人想得比较多，但做得比较少，即平时喜欢把事情想得比较多且复杂，甚至有些人特别喜欢做规划、做战略。比如，在旅游前一定要先做非常完善的攻略，否则会觉得没安全感，甚至只做规划就觉得安心了，之后很少落实。这类人通常会对时间线右侧、未来比较长远的事做规划，但不落实，我把这类人称为"战略幻想家"。

🚀 **高效冠军**

在做什么事之前先到处收集有用的信息做分析、做规划、做谋略，之后很快列出能达到目的的快速行动步骤，从而领先他人一步做出了好结果。这一类型的人会将时间线右侧比较长远的事都快速做好规划，并且在到期前就把重要的事完成，不太会有过期或错过了最好时机的情况发生。这种类型的人有一个很明显的特征：不论他是老板，还是给别人打工，每天的大部分事情都是自己预先指派给自己的，而不是等别人或老板来指派的，且做战略性思考和规划的速度非常快。这种积极主动、未雨绸缪、捷足先登的能力，不论是天生的，还是后天学会的，都让他们的胜算比别人大了很多！我把这类人称为"高效冠军"。

我估计比较高效的人，在人群中最多只有千分之三，而真正够得上"高效冠军"级别的，恐怕少于万分之一。我自己知道，我天生的性格就不是高效类型的，我的本性就四个字：好吃、爱玩，绝不是天生的高效冠军，我的本领都是之后学来的，而且是通过不下几十种的培训和磨炼才一步步学会。很多人问我是如何做到那些世界级的破纪录业绩的，我常常会反问对方一句：**你每天的任务是老板或客户指派给你的，还是**

自己指派给自己的？ 看得出其中的差别吗？我刚刚说了四种主要类型的人：低效的大多数、动手能力强的快枪侠、战略幻想家及高效冠军。请你想想看，你比较接近哪一种？如果你不属于"高效冠军"这种类型，也不用太沮丧或自责。记得吗？高效冠军是可以学的。当然，很多观念，可能与你原本的惯性思维不太一样，甚至相反。之后我会一步步带领你学习。其实到了这里，如果你都读懂了，那么我先恭喜你，你的惯性思维已经开始转变了。

04

重获生活掌控感的步骤 /

在明白了前面那些重要的观念之后，下面可以依据三个步骤来帮助你重新获得生活的掌控感。

🚀 步骤一：规划多做"重要不紧急"的事项

虽然你不太可能一下子就达到"高效冠军"的境界，但你可以从现在开始，根据时间线的原则，在初期就刻意地让自己每天多安排些时间做些"未来"的、还没到期的"重要任务事项"，以减少它们将来变成过期的紧急事项的可能性。而具体该做哪些未来的重要事项呢？后面会介绍比较详细的方法。现在，你先尽量做些规划，看看你的大目标是什么、客户要的是什么、企业和领导要的是什么。把它们写出来，作为一个起点。

【**实践练习一**】开始安排一些"重要不紧急"的事项。

1. 请简略写出你的事业目标，或者你可以想想，到了退休的那一天，如果实现了哪些目标，你会觉得很快乐、觉得此生无憾？

2. 你的主要客户是哪些人？他们目前最需要的有哪些是你可以贡献的？

3. 目前你的上级领导以及企业，最迫切需要实现什么目标，从而为客户带来最大的价值？

4. 你有没有什么人生的大目标是你特别想去实现的？最好是先将其直观地、不加修饰地写出来。

5. 请将以上内容，总结成 2～5 个要点，每个要点用一句话来概括（这就是你的事业与人生的简略版大目标）。

6. 有了以上这些大目标，请试着写出 5～10 条对你来说"重要不紧急"的事项，作为实现以上大目标的开始。

🚀 步骤二：清理逾期事项

先将现在已经到期或过期的所有事项全部列出来，写在一张能够让你一目了然的清单上，再根据每件事对你的影响程度来排序。比如，列出15 件逾期事项，就在事情的前面标上 1～15 的编号，这就是你现在需要依序处理的优先序。有些已经过期的事项可能无效了，或影响没那么大了，你可以把这类事项挑出来，逐个跟客户、指派者沟通：是不是可以不做，或用别的更有意义的方式来取代。

【**实践练习二**】根据这个方法，列出你目前最重要的逾期事项，之后在每一条逾期事项前标注优先级序号 1、2、3、4……

🚀 步骤三：坚持每天反复执行步骤一与步骤二

如果你一直坚持这样的步骤，也就是先刻意安排多做"重要不紧急"的事项，尽量预先完成，并且刻意安排清理已逾期的事项，而不是每天只忙于救火，慢慢地，你就会开始脱离每天救火的人生，而达到一个比较能掌控的平衡。当然这不太容易：初期要刻意做些"重要不紧急"的事项，而不是紧急的事项，你可能需要花好几周，甚至好几个月的时间才有可能做到，但这会很值得，因为你会重新开始掌控你的生活。

【**实践练习三**】请将实践练习一中列出的 1～2 个大目标，以及实践练习二中列出的前 3 个逾期事项，安排到明天的工作任务中，并优先做。

这是一个按部就班的渐进方式，在此我先给了你一个简化的处理方式，以方便你比较轻松地开始尝试。之后会再与你分享更深入的系统流程，虽然更加复杂，但效果会更好。

05

正确制订优先序的基础 /

　　如果想成为一个自我掌控的"高效冠军"，就需要把很多最重要的事在还不紧急之前完成了。那么，哪些才算是"重要"的事呢？你需要先了解如何界定，也就是要懂得判断每件事的轻重缓急，即优先序。

　　效率大师艾力克·麦肯锡最早提出通过分开任务事项的"重要性"与"紧急性"来让我们看清楚事情的优先序。之后史蒂芬·柯维在《高效能人士的七个习惯》里定义了著名的"优先序表格"，这个表格的四个象限如下图所示。

柯维的主要观点是：**我们要多把时间和精力放在"重要，但不紧急"的事项上**。你想想看，这是很有道理的。因为只有这样才能够减少将来出现"重要又紧急"的火烧眉毛事件。比如，健康养生、健身运动很重要，但是不紧急，对不对？可是现在不投入时间做好，将来一旦身体出了状况，就是"重要又紧急"的大事了。

那么，"重要又紧急"的事，应不应该先做？这有很多的争论，我自己的经验是"重要又紧急"的事非做不可，因为都已经火烧眉毛了，怎么可能不处理？关键是如果每天都忙于不停地救火，将来还有更多的"重要不紧急"事项变成新的"重要又紧急"的救火事项，你永远都处于这样的恶性循环中，根本跳脱不出来。其实从时间线更能看出这个道理。那该怎么办？办法是治病根，也就是刻意安排出时间尽量多处理一些"重要不紧急"的事项。虽然这个道理已被证明是正确的，但仍有部分人不完全认同它，认为站在时间管理的立场，还是要专注在"重要又紧急"的事项上。其实问题的症结不在于道理对不对，而在于如何做到。

聪明工作的实际做法（多做"重要不紧急"的事项）：

√ 第一步：在每天傍晚下班时，或晚上安静的时候，或在第二天一大早，先利用几分钟到十几分钟做个简单的规划，将可预见的"重要不紧急"事项列出来，每次列出一两个就可以了。

√ 第二步：每天特别安排出 10%～50% 的时间（视目前手中"重要又紧急"事项的多少而定），刻意做这些"重要不紧急"的事项，最好是在你每天的高效时间段或精力状态最好的时间段。这之中的原因将在下一章中说明。对于很多人来说，高效时间段可能是早上一开始的时候，这时会比之后或下午再做更容易达成效果。因为你一旦做"重要又紧急"的事项，就不太会有其他机会来做这些"重要不紧急"的事项了。最简便的方法是：每天把这些刻意安排出来要先做的"重要不紧急"事项写在便利贴上，贴在办公桌最显眼的地方，而且在上面写上执行的时间，如从几点几分做到几点几分，时间一到就开始做，到了结束时间马上停下来，不管有没有完成，都要转做其他救火的事项。

【实践练习】依据上述第一步与第二步，将前一个实践中安排出的"重要不紧急"事项，做个时间安排以及做事次序上的调整，可以把调整后的想法与结果直接写在便利贴上。

为什么要安排每天 10%～50% 的时间来处理"重要不紧急"事项呢？因为，如果你手上有太多火烧眉毛的事项，那么你可能最多安排出 10% 的时间做那些"重要不紧急"的事项；而如果你手上"重要又紧急"的事项不那么多，那么你就能安排多达 50% 的时间来做"重要不紧急"的事项了。

这种做法，看似每天要多做一些额外的事，其实，这就像是龟兔赛跑，后发先至，才是真正走捷径的做法！

我遇到过不少坚信要先做"重要又紧急"事项的人，甚至听说有些讲师就是这么教的，我只能说，这样的人很不幸，会成为死胡同里永无止境的救火队员，而且永远是被动地在处理急事，哪还有时间和精力主动创新、享受人生？你要知道：**唯有主动创新，才有可能领先；每天被动的人，只能做追随者。选择权，在你手上！**

　　你可能会想，还有其他两种情况：一个是"不重要、紧急"；一个是"不重要、不紧急"。这些该怎么处理呢？你想想看，都"不重要"了，还做它干什么？即便有些事你避免不了，大原则是：不理会，少去做，设定一些方法去防范。比如，电话响了，接起来才知道是个推销电话。这种情况是不是很多？这就属于"不重要"的事，但电话响了算是紧急的事，那该怎么办？一听出是销售电话就赶紧挂断！除非你当时闲得发慌，想找个人陪你说话。接了这样的电话，你的人生就少了几秒钟，或者说这几秒钟被陌生人抢走了，多不值啊！怎么去防范呢？可以在手机上安装来电识别、拦截骚扰的 App（或手机管家之类的），以后看到这些骚扰电话就都不用接了。

　　在弄懂了这些优先序的原则后，你就会变得很高效了吗？不会！你只是比一般不懂的人好了那么一丁点。之后我会教你一套工作高效系统（冠军高效系统 CPS），它会应用到这里所说的优先序原则。只有先把"技能拼图"的其他部分补上，你才能在工作中完全发挥出高效的效果来！

　　【总结与行动】请拿出自己的记事本，用自己的话语做个心得总结，并写下至少第一步的行动。

第 五 章

最大化你的时间价值和收入的技巧

01

珍惜时间？先知道你一天的时间价值 /

你的梦想是什么？很多人可能会回答：有钱、有房、有车……想要有钱，没什么错，关键是我们真正想要的不见得是钱本身，而是由钱带来的好处，比如能给自己和家人更好的生活品质，以及去旅游、去体验不同人生的机会，是不是？所以，赚更多的钱，重不重要？当然重要，但是在这里先给你一个建议：在赚钱的同时，最好要通过规划进行理财，把一部分钱拿来做安全的投资，让钱还能再生出一些钱；另一部分钱，用来规划怎样改善你和家人的生活品质，以及怎样提升自己，包括你的竞争力和你的健康。因为：**投资自己，是最稳妥、回报率最高的投资，也是最好的投资**。

所以，善用财富来提升自己很重要，但前提是要善于积累财富。如果说提升自己、积累财富，也就是赚钱的能力很重要，那么该从哪里开始呢？从衡量你现在每天的平均收入开始。这个原理是：**只有先做出衡量，才容易取得明显的进展！** 也就是说，先搞清楚，每天（而不是每月）我们能赚到多少钱——真正产生多少价值。只有这样，才能规划出加速提升自己的方法，并且产生足够的动力！有的学员说："老师，的确是这样，我每次觉得拼累了，就看看我的存款数额，马上又来劲儿了！"

工作一天可以为你产生多少财富价值，你知道吗？为了方便计算，我们用下列简单、粗略的数值来做个假设（都以人民币计算）：

✓ 如果中国首富一年能赚到 36.5 亿元，除以一年 365 天，也就是平均一天他可以产生 1 000 万元的财富价值。

✓ 如果某人一年的收入是 36.5 万元，也就是每天能产生 1 000 元的财富价值。

✓ 如果一个刚毕业的社会新人一年的收入是 3.65 万元，也就是一天能产生 100 元的财富价值。

从平均一天赚 1 000 万元到一天 100 元，其差别是 10 万倍！这个差别就是人与人之间"时间价值"的差别！

你知道自己现在每天的时间价值是多少吗？更重要的是，该如何提升？

如果想提升自己每天产出的价值，最先应该做的是"衡量"，也就是算出自己每天的时间价值，所以有些时间管理的专家，建议你做一个连续 7 天、接连一个月的"时间记录"，即随时写下每小时，以及每完成一件事时都做了些什么，然后在 7 天之后做一个总结，以了解自己把时间都花费在了什么地方。甚至有所谓的专家建议你一辈子都做这样巨细靡遗的时间记录。我的天！如果你愿意这么做，可以试试看。不过我认为大多数人哪怕是 7 天都没有恒心做这样的练习，最后不了了之。最关键的是，这种做法也没什么实际效果。下面我将与你分享一种我认为更简单、可行的方法，以帮助你了解你的时间价值。

根据专家的统计，我们工作的时间大约只有三分之一是有效的，也就是说，如果你今天工作了 9 小时，大约只有 3 小时是在有效产生价值的！通常我们认为今天"工作了 9 小时"，其实这只是上班工作的时间，而实际在这 9 小时里处理的很多事项对产出价值没什么帮助，或者说很多时间被浪费了，但自己无感。比如，今天忙了 2 ～ 3 小时做一件你认为必须做的事。其实做这件事，对你能不能给客户创造很好的价值，进而让你的企业和你获得更大的盈利没什么帮助，但你在做事的时候只是觉得"应该"做这件事而已，并没有仔细思考或分析过此事是否能产生有效的价值。像这样的情况，在工作中还真不少。你要知道：**没有贡献出有效的价值，就是浪费时间。**

结果一整天下来，很多宝贵的时间被浪费了，而自己没什么感觉。虽然觉得今天很忙，但是心里比较空虚、不踏实，又说不出为什么。现在，让我带着你做一个计算。

【**实践练习**】估算出你的时间价值。

（1）先写下你全年总收入的各个组成部分（如果不是很精确，可以暂时估算，将来还可以再调整）。

① $A1$ = 目前你每个月的底薪（例：5000 元）=_____

② M = 每年底薪发放多少个月（例：12 个月）=_____

③ $A2$ = 去年绩效奖金（例：去年绩效奖金领到了 10000 元）=

_____

④ $F\%$ = 企业提供的福利占总底薪的百分比，例如，工作餐、节日礼物、健康体检、带薪年假、奖励礼品等（说明：员工福利通常是底薪的 5% ～ 15%，若你不太清楚可以暂时先用 15% 计算）=_____%

⑤ Q = 去年全年其他的收入（例：投资基金的收入）=_____

（2）所以，你一整年的总收入 A = 所有的底薪＋奖金＋福利＋其他的收入（请用计算器算出）。

$A = (A_1 \times M) + A_2 + (A_1 \times M \times F\%) + Q =$ _____

例：$A = (5000 \times 12) + 10000 + (5000 \times 12 \times 15\%) + 0 = 79000$（元）

备注：如果你现在正在换工作或还没有工作，不确定你的底薪将会是多少，你可以先暂时用你的期望值计算，如 80000 元。

好！你算出来是多少？你全年的收入是不是让你满意到笑出声来？还是不满意到流下几滴眼泪？没关系，在我们学好高效后可让收入加速提高！

（3）接着，请你写下你一年实际的工作天数 B，有两种方式：

① 如果你不是太清楚全年实际工作天数，而你一周的工作天数是 5，则可直接用最普遍的 250 天计算。这是粗略地从每年工作天数中扣除了法定节假日后的天数。

②如果你想精确计算全年实际工作天数，则可这样计算：

B =（你的每周工作天数 × 52 周）– 全年的法定节假日天数 11 天 – 你的年度休假天数 =＿＿＿＿＿＿＿＿＿＿＿＿＿＿

例：B =（5 × 52）–11– 10 = 239（天）

（4）接着我们就能计算出你一天的产出价值，即把你刚才算出来的全年总收入 A，除以你的全年工作天数 B。比如，在刚才的例子中，全年收入是 79000 元，除以全年工作 250 天，也就是平均一天的收入是 316元。这是你一天的"产出价值"，也是你一天的"生产力"。现在请你计算出一天的"产出价值"或"生产力"P：

P =A / B =＿＿＿＿＿＿＿＿＿＿＿＿＿＿＿

例：P =79000 / 250 =316（元 / 天）

你算出来的 P 值是多少？记得吗？中国首富平均每天的收入，也就是每天的产出价值约为 1000 多万元，那么你的产出价值是多少呢？不用沮丧，每个人都经历过这个过程，我们还有很大的成长空间，对不对？建议你不要浪费现在的这个情绪，将它转化为发愤图强、积极向上的动力！

（5）好，把泪水擦干，撸起袖子！我们再继续计算一个更重要的数字：你的"高效时间段价值"。之前提到，我们每天大约只有三分之一的工作时间是真正在产生价值的，记得吗？我们将这个时间称为"高效时间"。现在，我们要来计算一下你的"高效时间段价值"V，即你的"高效时间"每小时的价值是多少。在一天 9 小时的工作时间内，大约只有 3 小时是真正有效的高效时间段，所以，你一天的"产出价值"，其实只能以

3 小时的有效时间来算。

$V =$（你一天的产出价值 P）/ 3 小时 = _____

例：$V = 316 / 3 \approx 105$（元）

好了，你的 V 是多少？可能你现在没什么感觉，我来给你几个数字进行参照：

√ 中国首富的"高效时间段价值"为 300 万元～ 600 万元。

√ 一个年收入 100 万元的人的"高效时间段价值"是 1300 多元。

√ 一个刚从学校毕业的职场新人的"高效时间段价值"可能在 100 元以内。

你的 V 在哪个范围？在这里，我想和你分享一个人生感悟：**在这个世界上，没有人可以逼你在工作或生活中更努力、更高效一些，只有你自己可以！**

再给你一个建议：你可以把这个数字，写在一个小纸条或便利贴上，如写上高效一小时等于多少价值，就像这样的便利贴。

这个便利贴可时刻提醒自己：高效的时间段多么宝贵！同时也要提醒自己，应不断努力提高这个数字！千万不要再迷迷糊糊过日子！从前我让自己部门的伙伴做这个练习时，大家都兴致勃勃地做了计算。在算出来之后，每个人把自己高效一小时的价值写在便利贴上，并贴在显示器的下面。当天之后的一段时间，办公室变得异常安静！我看到好几个人在盯着那个数字发呆，我忍住不笑，因为当年我也接受过这个残酷的"震撼教育"，并让我"醒了过来"（第一次面对时会感觉非常痛苦，但之后那种"醒过来"的感觉，实在是太好了）。第二天，我们整个办公室的工作氛围都变了，处处洋溢着积极的工作态度，大家讲话、走路的速度都加快了许多，再也用不着我说些激励的话语了。

补充一点：你说会不会有人看到自己的"时间价值"居然这么低，会沮丧、低落到振奋不起来，甚至开始抱怨工资太低、抱怨公司？还有人干脆想辞职不干了，想去其他地方应聘工资更高的职位？会有，但请暂缓你的决定，先听听我接下来的这段话。

在这个人与人之间充满竞争的世界，每个人都想过上更好、更自由的生活，想积累更多的财富，想成就非凡……这是人类社会的竞争与生存法则。如果你以为靠跳槽就能提高收入，而不是靠你的专业能力提升，那么在短时间内或许可以提高一些薪资，但新的企业会对你的期望值更高，你的压力必然会更大，而你的专业能力还无法完全胜任，结果必然是你会生活在一种"侵蚀身心"的巨大工作压力下，得不偿失。

良性的做法是：把握时间，专注在个人专业能力的提升上，让你的专业程度超过现有工作的等级，好的企业和领导一定会看到你的价值，从而让你升职、加薪。因为现在各个企业都处于争夺人才的商业环境中，他们也怕优秀的人才流失！如果你已经明显地展示出专业能力的价值，但领导们无感，企业对你的态度也不积极，这时候你再考虑另择良木而栖，也不迟。

只有抓紧提升个人专业能力和价值，才是真正的捷径！

举个例子：当时我们的销售人员主要是以打电话的方式来拓展业务，所以电话必须要多打，业绩才有可能好！当时我看到一位年轻的销售人员在一张 A4 纸上写了几个大字来提醒自己：多打电话，否则去死！他把它折成了一个三角形，贴在显示器的最上面。现在这位年轻人，已经是一家非常知名的国际级企业的中高层主管，年收入也达到了令人羡慕的程度！

所以，我认为：**若想快速积累财富，实现你的梦想，就要先懂得衡量自己的时间价值，接着再想办法让自己变得更加高效、更加专业**！希望这对你有所启发！

【实践练习】在知道了一天的"产出价值"以及"高效时间段价值"后，你有什么感想？请写出你的感触：①你有什么想法？②你打算做些什么？③你希望提升你的产出价值到什么数值？

02

顶级高手的秘诀：善用每天精力状态最好的时间段

你有没有这样的情况：早上一开始上班时，不太清楚该先做哪些事，大脑还有一点懵，于是就先收拾收拾桌面，再看看工作群的留言和邮件……接着，老板或同事来找你，请你帮忙做个事。一整天下来，各种琐碎的事不少，到了快下班时才发现手上最重要的几件事还没什么进展，但是又觉得一天下来挺累的，已经没什么干劲儿了。一天就这样过去了，你觉得压力很大，并且不怎么踏实，有没有？

你猜一个精力旺盛的人和一个精神萎靡不振的人，哪一个获得大成就的可能性更高？答案很明显。但，你能做到一整天都精力旺盛吗？不容易，但也不至于完全萎靡不振，对吧？我们每天感到精力充沛的时间都不长，顶多 3 ～ 4 小时，因为我们是人、不是机器，在精力比较好的一小段时间之后，我们的体力就会下降，精神状态也没那么好了。你想想看，如果你每天最重要的事是在你精神状态不佳的时间段执行，以及在你精力旺盛的时间段执行，效果差别大不大？

让绝大多数人想不到的是，影响我们获得更大成就的问题之一，是在"错误的工作节奏"这样一个细节上：在我们一天当中精力最旺盛的高效时间段做不该做的低效、不重要的事。这就是"错误的工作节奏"。

所谓精力最旺盛的高效时间段，对于大多数的人来说，主要是在早上开始工作后的 2 小时，也就是很多人"生理时钟"处于精力状态最好的时间段。不过，也有一部分人是在其他时间段。

而"低效、不重要的事"包括：一早起来就看手机、刷朋友圈这类"杀时间"的事，或整理桌面、回复邮件这类不太需要思考的琐事。这些事都不会对我们的事业或人生有什么大的帮助。但很多人把精力状态最好的时间段，都浪费在这些事情上了，等到我们要开始做真正重要的事项时，或需要集中精神发挥创意的时候，反而体力下降了，精神难以集中。这时怎么可能把重要的事做好？每天怎么可能会有好的进展？这样一天天地过（混）着，好的机会都被别人捷足先登了，哪里还轮得到我们？

所以，在精力状态最好的重要时间段，坚持"不做某些事"，对于我们而言更重要。想成就大业，靠的是每天朝着目标的方向，快速积累大大小小的进展。而要有好的进展，就必须搞懂一个非常重要的细节：掌握"正确的工作节奏"。

在每天精力状态最好的时间段，只做"最重要的事"，两者的节奏必须抓准，切记每天如此！若懂得了这个道理，那么恭喜你，在高效的领域，你已"入门"了。

03

在精力状态最好的时间段做最重要的事 /

在每天的高效时间段专注于执行最重要的事，这个道理不难懂，但是为你带来的实际效果却很惊人！一般情况下，我们根本没想过要这样做，或者想过但不知道怎么做到。实际的做法应是接下来的三个步骤。

🚀 第一步，找出自己精力状态最好的时间段

由于我们每个人的生理时钟不太一样，所以每个人的高效时间段可能会不同，你需要找出自己精力状态最好的时间段，也就是一天当中的高效时间段。一般来说，大部分人一天最多只有 3～4 小时是精力充沛的。健康情况不好以及体力比较差的人，每天精力充沛的时间更短。大多数人从未思考过这个问题，甚至盲目乐观，误以为自己从早到晚"应

该"都是精力旺盛的。其实人类的身体机能比较弱，拼搏冲刺一小段时间后就会疲累，精神状态也会明显下降。当然，除非你是来自外星球的"Superman（超人）"，那就另当别论了！你要找出的是每天精力状态最好的几个时间段。比如，有些人在早上9:00～11:00，还有下午2:00～4:00的精力状态最好；有些人则属于越晚越精神的"夜猫子"。

【实践练习】列出自己精力状态最好的时间段。

在这里先澄清一个观念：有些讲时间管理的人说一定要在一大早就先办最重要的几件事，要遵守这个"纪律"。这个讲法最主要来自美国知名作家和讲师博恩·崔西（Brian Tracy）的著作《吃下那只青蛙》。大约是 2003 年我在美国读过这本书，发现里面的内容跟我当时在外企内部培训所讲的内容还是有些差距的：首先，尽量在早上完成大部分最重要的事，其基本原理没错，但是，每个人的精力状态在一整天的分布情况不同，你需要配合自己精力状态最好的时间段做最重要的事，这才会最高效！其次，博恩·崔西要求你要很有"纪律"地坚持21 天。这其实是所谓"成功学"的讲法，如果没有找出个人真正的驱动力，是很难一直"坚持"下去的，只能靠每隔一段时间的"打鸡血"来维持个人的激情和热度。最后，所谓"坚持 21 天"的方法，经很多专家证实是没什么科学依据的：原本只是一位医生麦克斯威尔·马尔茨（Maxwell Maltz）发现人们需要大约 21 天的时间来适应整容后的新面容，或适应被截肢后的新外观，21 天只是习惯新变化的时间，而不是养成一个新习惯需要坚持的时间，结果被后来的人误用了。

要养成新习惯，和需要多少天没有直接的关系。在前文中我详细解说过习惯养成的原理。其实只要让惯性思维改变，也就是大脑里的习惯性想法改变，你的行为就会跟着改变，而且是永久的。每个人习惯养成的时间不尽相同，我认为其长短跟每个人刻录新习惯到大脑基底核的效果成正比。

第二步，每天先列出当天的几件要事

我们每天的事情是永远做不完的，你必须先有一个正确的观念：**你不见得能完成每天所有的事，关键是你完成的部分是不是最重要的几件事。**

那什么算是最重要的事呢？就是能让你更加接近你的或公司的大目标的事，至少包括以下这些事。

√ 对你来说，最重要的两三件事。

√ 对客户来说，最能够让客户感受到价值的事。

√ 公司和领导最在乎的事。

你可能会想，每天要做的每件事都是重要的呀！对吗？你可以用这样的方法来分辨事情算不算重要：你把任何两件事"摆在一起"，让你、客户或领导来选（二选一），只可以选一个，另一个就不做了，你、领导或客户会怎么选？你把每件事不断地进行两两比较，只能二选一。筛选到最后的几件事，就是最重要的了。一开始你可能会觉得这样比较好麻烦啊！但只要你做过几次，以后都不需要这么做了。因为你的大脑会很快地自动

完成两两比较，从而判断出哪几件事是当天最重要的。我把这类事项称为要事，把不属于要事的其他事项称为一般事项以及各种比较小的琐事。也就是说，每天要预先列出来的事项分为要事、一般事项、琐事。

- √ 要事：是指最重要的事项、能让你快速向事业和人生大目标迈进的事项，或能为客户带来明显价值或企业领导特别在乎的事项。每天我们能处理的要事，通常来说最多仅有 3 ～ 5 件，因为要事通常比较复杂且耗时。

- √ 一般事项：除了要事之外，需要处理的一般事项通常都不是最重要的，但还是需要去处理。事情有大有小，所以每天能安排处理的数量不固定，可视有多少时间而定。

- √ 琐事：琐事就是除了要事、一般事项之外，在工作上和生活中的琐碎小事，或在碎片时间（几分钟）内可以快速处理的事项。

【实践练习】请列出当天或明天的要事。

🚀 第三步，工作节奏：精力状态与要事匹配

在准备好了前两者的信息后，就可以制订出最佳工作节奏了，即把当天的几件要事安排到精力状态最好的时间段，如上午 9:00 ～ 11:00，以及下午 2:30 ～ 4:30。你只需要在每天的工作日程表上把这几件要事安排上去就行了。而一般事项就安排到其他的时间段。琐事不需要安排，一旦遇到小段的空闲时间可见缝插针。

工作事项、任务、会议等时间段的安排，需要用到个人的工作日程表。这里先介绍一些有关工作日程表的基本选用原则。

- ✓ 哪怕是在科技工具先进的今天，许多高效专家仍发现，最直观、简单好用、不影响思路的高效工具，依然是"纸笔＋手写"的形式。所以，如果你还没有运用得很熟练的工作日程表工具，建议从最简单的手写版日历手册、日历本开始，可从文具用品店购买。格式可以是在横开的两页上显示一周 7 天的日程，或每页显示一天的日程。关键是能将几件要事写到安排的时间段且容易看清楚，携带起来还算方便即可。

- ✓ 如果你不想用纸质的日历本，想更简便些，也可以直接用便条纸、便利贴，甚至是一张 A4 打印纸，将几件要事写在纸上，并写上执行的时间段，贴在电脑显示器下面，用来时刻提醒自己。

- ✓ 如果你能很熟练地使用手机（或电脑）上的"日历"App，就可以把当天的要事直接输入到"日历"App 中，并设置好要执行的时间段。

- ✓ 还可用任务管理器之类的 App 来安排日程，但这种方法比较复杂，我发现不少人因其操作的复杂性，以及网络的不稳定性而影响到工作的效率，所以，除非你能够非常熟练地使用任务管理器之类的 App，否则不太建议你一开始就这么做，很容易本末倒置。

【**实践练习**】请将你在前两个实践练习中列出的内容做个配对，也就是将列出的几件要事安排到当天精力状态最好的时间段。建议你直接写到工作日程表或日历上。请现在就开始做，不要用"等一下再说"的借口推托。我们要一鼓作气，一旦拖沓就不容易再实践了。请开始！

再强调一次这个能大幅提升高效"功力"的最重要观念：**每天在你精力状态最好的时间段，专注完成几件要事；在其他时间段做一般事项；在碎片时间段做琐事。**

哪怕你仅能做好这一点，你每天的高效程度也会增加很多！经年累月下来，这样一个小小的改进，会让你的生命轨迹产生巨大变化。

　【**总结与行动**】请拿出自己的记事本，用自己的话语做个心得总结，并写下至少第一步的行动。

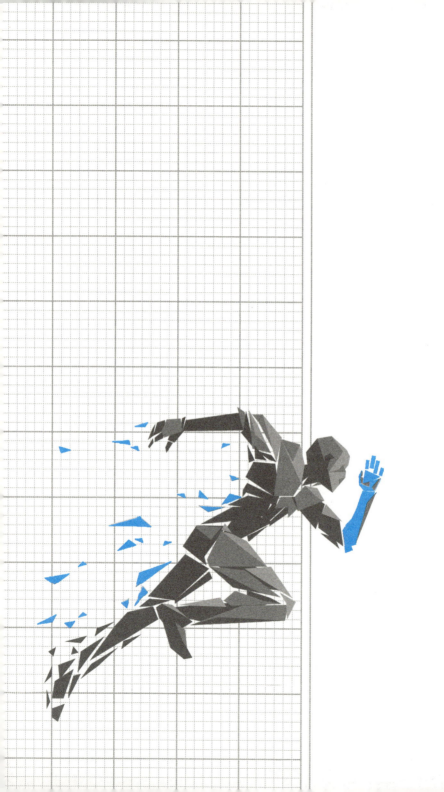

第六章

"智作"时代，让大脑更高效的做法

01

多工还是专一

这是一个会影响大脑运转效率的重要观念，也是很多人在认知上有误区的地方，即在工作和生活中，多工会不会更高效？

你有没有过这样的经验：一边跟人谈话，一边看手机或在微信上跟他人沟通？或者一边阅读本书，一边还同时开着电视或电脑，又或者在做其他的事呢？同时在做两件以上的事都属于多工的情况，这样会提高我们的效率吗？

我先带着你弄清楚，到底哪些会提高大脑的效率而哪些不会，以此提升你对高效的判断力！

🚀 厘清多工的观念

多工是指在同一时间进行两件或两件以上的事项，就好像一个人有好多只手，同时执行多项工作。有许多工作繁忙的人，特别是中高层的领导者，以及工作和家庭都要兼顾的女白领，认为若想提高效率，必须做到多工，也就是"像八爪鱼一样"在同一时间处理好几件事，以为这样才能节省时间。比如，一边开会，一边回复电子邮件；一边吃午饭，一边看留言或微信；一边打电话，一边用电脑工作……我甚至听到有些"专家"非常建议大家这么做。在这里要帮你厘清这个观念，正确的高效原则如下：

√ 根据许多专家的实验证实，绝大部分的多工是低效的，会降低效率！

√ 要想高效，必须做到专一，即要一件接着一件，快速而专注地处理单一的工作，在每件工作告一段落后才接着做下一件。

真的是这样吗？答案是肯定的。

🚀 人脑难以同时专注在两件事上

美国范德堡大学的脑神经学家芮那·马若士（Renee Marois）博士，以及他的三位同事，在使用断层扫描仪来检测人脑在同时处理两件事时的效率损失后，他们的研究结论是：人脑有几千亿个神经丛，以及几百万兆个神经突点，是一台强大的思考机器。但是它有一个最主要的能力限制，即难以同时专注在两件事上。

他们也表示："受测者对于接连一次处理一件任务不会有延迟，但是如果在同一时间给予两件任务，受测者的大脑就会出现可测出的迟缓。"

也就是说，如果你在处理一件事的时候，又有另一件事需要处理，你的大脑就开始变得迟缓，大脑运转的效率会下降，这其实是得不偿失的！

 注意力转换的时间成本很高

美国联邦航空管理局的贾西瓦·鲁宾司坦（Joshua S. Rubinstein）博士，与其他几位专家在一篇研究论文中指出：当一个人在工作中正在操作文本处理软件，同时又接电话或回答同事、领导的提问时，就要不断地转换他的注意力。当人无法将几十分钟专注在一件事情上时就会造成效率的损失。这种同时在几件事之间来回转换注意力的情况会带来一种叫作"转换的时间成本"，它约等于一个人20%～40%的生产力。并且，所做事情的难度越高，对效率的损失就越大，因为注意力的转换耗时会更长。所以，你想想看，如果你经常同时处理几件事，你的生产力或效率会下降20%～40%！

 多工造成每天 28% 的工时损耗

虽然微信、钉钉、电子邮件、短信等用在工作交流上的科技工具大幅提升了工作效率，但这是指在专注、单一使用这些工具的情况下。如果让这些科技工具没有节制地打断你手上正在进行的工作，就会影响你的工作及产出表现。Basex调研公司曾和微软公司共同进行一个调研，他们的结论是诸如这类的多工情况，让美国企业一年损失了5 880亿美元。

而对个人来说，因为多工让我们在工作事项之间不断地转换注意力，从而造成的时间浪费，平均占据知识型工作者每天 28%的工时，并且一旦工作被打断，依据原本专注的程度，平均需要用掉 5 ～ 15 分钟的时间才能够接上原先的工作内容。曾经有人问我："尹老师，在工作的时候是否多工，影响真的有这么大吗？"你想想看，多工、被打断等情况平均会花费一个人每天 28% 的工时，包括你的以及你的团队伙伴的，你说影响大不大？最可怕的是，我们大多数人还没察觉到！再者说，如果解决了这个问题，你可以"拿回"每天 28% 的工作时间，对于企业来说，这是多大的生产力提升，或者说，这是多么巨大的成本节约！恐怕很难再找出一个能直接快速节省企业成本 28% 的方法了吧？这是不是很令人兴奋？

你要知道，只有现代的电脑因拥有四核、八核的多核处理器才有办法真正做到多工。而我们人脑，因为在"操作"的时候，意识上受到一次只能专注在一件事上的限制，表现起来等同于一个单核处理器，做不到真正的多工。

下面总结一下不要多工的主要原因。

√ 多工会降低效率：如果你在同时处理几件事，人脑就会在这几件事之间来回转换，从而让大脑变得迟钝、效率变低，而且需要不断地来回适应这几件事。因非常多次地转换、适应造成的时间浪费是巨大的。

√ 多工还会增加复杂度与压力：也就是说，注意力在执行的事情之间来回转换，增加了执行的复杂度以及大脑的压力，因此也增加了出错的概率。

其实多工最主要的问题是让你分心、不专心。只要同时需要处理的两件以上的事情会用到你的头脑思考，或会吸引你的注意力，就会造成分心。一旦分心，效率就会下降。

注意：只有少数多工可以省时间，即在做需要用脑事情的同时做另一件不需要用脑的事情，例如：

√ 在做常规的运动、慢跑时听音乐、听音频课、听新闻，或想事情。这是一种很好的节约时间的方式（如果在马路上慢跑，就不建议了，安全更重要）！

√ 不费神地洗碗、洗衣服，同时接听电话。

√ 在等车、乘车时听音频课、学习外语、制订计划。

02

让大脑专一且高效的做法 /

想不想把每天因为多工、被打断或因分心而被浪费掉的 28% 的工时抢回来？想不想在工作的时候让大脑的效率更高？

接下来我将利用实际工作场景来示范，以便让你更好地应用高效原则。

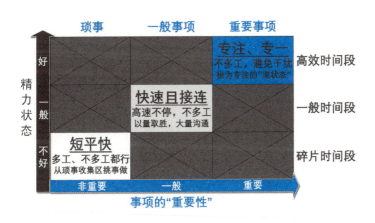

工作场景一：高效时间段（专注、专一）

第一种情况发生在每天处理"要事"的高效时间段。记得吗？上一章我们说到，最重要的高效原则是在"每天精力状态最好的时间段做最重要的几件事"，我把这个时间段称为高效时间段。

请注意：做到专注、专一、不多工是在每天的高效时间段最重要的高效原则。实际的做法如下：在高效时间段应避免各种打扰、干扰，即将一天当中精力状态最好的时间段尽量封闭起来，非常专注、专一地执行最重要的事。但实际情况不见得那么简单，你有没有过一边在电脑上准备工作报告，一边与人谈话或通电话的经历？还有一种常见情况：你正在电脑上准备一个重要的工作报告，但电脑上不断跳出微信、QQ、工作群、新邮件通知等消息，你会不自觉地点开来看。这种情况多不多？在听懂了这个"不要多工"的道理之前，你可能会想，这没什么不对吧？但是现在你应该知道，每次处理跳出来的新消息，都会对你正在进行的重要事项产生很大干扰，你的每一次分神都会让大脑处理现有重要事项的能力下降。如果这件重要的事是需要大量创意思考的或比较复杂困难的，那么每一次的干扰对效率的影响就更大了！你的创意或解决问题的能力就会明显下降，从而让你做不出好的"产出结果"，这不仅仅是在拖慢你，结果是：你很难获得想要的成就与财富！就像一位雕刻大师，如果在做一个重要创作时，不断地看微信新消息，是创造不出感动人心的旷世杰作的！这是同一个道理！所以，这样的重要时间段能被干扰吗？适合多工吗？

【实践练习】关闭你的电脑和手机上不必要的通知功能。

在这里再和你谈一个许多人都会遇到的情况：上网乱逛的问题。比如，你在用电脑工作的时候，需要上网找资料，眼睛瞄到网页下方有一些吸引眼球的图片、话题，或者八卦新闻等，于是就不知不觉地点开来看。其实别小看这种情况，这是现代人工作效率的一大杀手！若不想办法避免的话，每一次都会浪费不少时间。一年下来、几年下来，宝贵的时间就被这类无意义的精神"毒品"浪费了，绝对不能小看！所以，你要把网上那些诱人的、会让你分心的内容，当成一些有毒的"妖魔"，要以"如临大敌"的心态去面对！因为：**生命中最宝贵的资源是时间，而你的时间被别人抢走，是对你最大的损伤之一。**

🚀 工作场景二：一般时间段（快速且接连）

刚才介绍的第一种情况是处理最重要事项的高效时间段，接下来是第二种情况：高效时间段之外的一般时间段，即用来处理一般性工作事项的时间段，以及需要大量沟通、交流的时间段。在这个时间段，主要的高效原则如下。

√ **专一、不多工。**在执行一般工作任务时，避免多工的高效原则依然适用，也就是一次一件、快速、专注地完成任务。

√ **以量取胜。**一般工作任务的处理时间最好不要太长。一般来说，5 ～ 15 分钟是比较恰当的；如果超过 15 分钟，就将它拆分成两三个步骤，这样会更容易推进。在这个阶段，虽然每件事的质量也很重要，但最好"以量取胜"。

√ **大量沟通**。在这个时间段需要尽量多地跟不同的人沟通，沟通形式包括面对面的沟通、电话沟通、工作群沟通、邮件沟通等。

√ **沟通时要简单明了**。在与人沟通的时候，也要尽量避免多工，速度要快且表达要精准。与每个人沟通时都没有必要谈太久，应简单明了，之后就要赶紧沟通下一件事情了。

在这个时间段，高效的关键就是快速不停、频繁沟通！

🚀 工作场景三：碎片时间段（短平快）

第三种情况是指碎片时间段，包括在等车、等电梯，以及任何没有办法完成一件任务的小段时间。其实这些时间经过累积，一天下来也会有不少。记得吗？我们的黄金年华很短，所以千万别浪费掉！我建议你这样处理碎片时间段。

√ 记事本的"琐事收集区"。把一些可以在碎片时间段做的事，记录在一个收集区，如称为"琐事收集区"或"碎片时间善用区"。你可以在你的记事本里保留一两页，专门作为这些琐事的收集区。

√ 手机上的"琐事收集区"。在手机上的备忘录、云笔记或任务管理器中，设置一个"琐事收集区"或"碎片时间善用区"，用来收集平时可以在碎片时间段做的琐事。例如，看一篇有意思的短文、回复一个电话、听一段音频、处理一张照片……

　　大部分的琐事都是可在比较短的时间内完成的小事，所以，常规做法也是一次一件地快速处理。处理琐事的时候，要不要遵守"不多工"的原则？其实无所谓，因为琐事大多属于"不重要"或"一般"的事项，就算同时处理两三件琐事，也影响不大。处理琐事的关键原则是"短平快"！

　　【实践练习】请依据以上描述，在记事本或手机上，准备一个"琐事收集区"或"碎片时间善用区"。

【总结与行动】请拿出自己的记事本，用自己的话语做个心得总结，并写下至少第一步的行动。

第七章

极度专注的境界：流状态

01

极度专注的重要性 /

　　有的人一整天忙忙碌碌，但没什么好的产出，工作没什么进展，并莫名地感觉压力很大；有的人每天的工作时间不长，但产出结果很好，在事业上不断取得新的突破。为什么有这么大的差距？两者最主要的差别在哪？原因或许有很多，但我认为最关键的一个原因是：是否拥有了因随时能够"极度专注在当下"而创造出好结果的能力。

　　请注意：专注才能创造出众的结果。专心或专注的程度，跟我们的工作和生活会有什么关联？如同念书时要专心一样，我们在工作中有很多的任务、项目需要非常专注才有可能把结果又快、又好地呈现出来！比如，制作推广说明的文稿、准备PPT、改良产品的设计、编程、制订战略计划、规划每天的工作内容等，这些都需要非常专注。对于大多数人来说，若专注的程度能够达到95%以上，甚至达到100%，就有很大机会在很短的时间内做出与众不同的好产品、好结果、好业绩，所以那些大师级的人物，都需要在一个专注到忘我、入神的状态下，突然灵光一闪，进而一鼓作气地把旷世杰作创作出来！这就是一种处于极度专注的状态下所能达到的效果。

大多数人在需要特别专注的时刻容易做到极度专注吗？比如，接下来的半小时需要非常专心地做好一件事，怕被打断。但是，一旦开始进行了，时常发生的实际情况是：一会儿有同事来找你要东西；一会儿自己忍不住"手痒"看手机……各种状况和干扰频发，真的很难静下心来做到极度专注。还有，公司开会时，台上在讨论重要的议题，台下有人在"开小灶"，自顾自地小声和旁边的人聊着自己的想法，也有人不停地看手机。结果是：虽然相关的全体人员都来参加了会议，但并没有让所有人的思维百分之百汇聚在一个点上。你想想看，这样的会议效果会怎样？这些情况，说起来好像是稀松平常的，因为很多人、很多公司，每天都在上演这样的"桥段"。这也是为什么"有些人一辈子是平凡人"，还有"有些公司一直是不怎么样的公司"的主要原因之一！他们自己大多察觉不到这个问题，还总认为仅是由自己的运气不如人造成的！因此，如果你或你的企业有类似的情况，但总找不到原因，那么接下来的内容就要用心学习了！

若想做到极度专注，你需要懂得一个很重要的观念：流状态。

02

美妙的"流状态"

 **什么是"流状态"**

你有没有在观看一个很棒的现场演唱会，或者在电视上欣赏一位演唱者的表演时感到震撼且难忘的经历？

演唱者似乎忘了自己站在台上，若有所思地进入了一种全情投入的状态：他的歌变成了一个故事、一幅流动的画面；他的声音穿透了你的心，触动了你的情绪，让你感动、忘我，久久难以忘怀。这种体验是不是很棒？

如果你当时仔细观察这位演唱者就会发现，他已经完全忘我地融入并陶醉在他所诠释的乐曲当中，达到了"入神"的境界！而在曲终时，观众的掌声、欢呼声响起，他才突然间回过神来露出微笑……而我们早已在他演唱的整个过程中不知不觉地被他的真情投入，以及绝妙的唱功深深地吸引住，沉浸在美妙的天籁之音和意境之中。那一刻，似乎时间都停止了，也忘记了自己身在何处，跟着他一同达到了感动而忘我的境界。

　　这种最佳的体验，让演唱者和观众都达到了所谓的"流畅入神"境界（英文可描述为 Flow State）。我将这种状态称为"流畅的状态"，或简称为"流状态"（也有人译为"心流状态"）。如果你现在阅读到这里也感觉因很投入而忘了时间，那么你也体验了一次"流状态"。对于"流状态"，我的定义是：因极度专注而达到浑然忘我的"入神"境界，空间、时间不复存在，只剩下你的意识所专注的思维。此刻你的思维最清晰、创意最活跃，能将潜力发挥到极致。而这一切又让你更加专注，因此产生一个静谧、喜乐、独立的意识场。

 ## "流状态"对你有什么好处

　　"流状态"会为你带来什么实质性的好处呢？我在系统化地掌握了这种随时随地进入"流状态"的方法后，把它用在了自己的工作和生活当中。我每次在执行最重要的工作时会完全融入进去，接着自我就逐渐消失了，时间也不复存在了，所有的思绪、行为、动作都会一个跟着一个地连续着，就像行云流水一般，整个身心都合二为一、顺畅地流动着，可将才能发挥到极致。结果是：我的战略或每天的规划都更容易理顺；我和团队更容易做出出众的业绩。掌握"流状态"的好处非常多，我在这里列举一些：

　　√　能让你感觉上班时间过得特别快且感觉充实。

√ 更能享受工作，乐在工作；更有成就感和满足感。

√ 做事时更加得心应手；更能充分发挥你的、团队的能力，从而拥有出色的业绩表现！

其实有不少人活在"自责痛苦的过去"或"忧心忡忡的未来"中，而不是现在。唯有"活在当下"的人，才能够体会到因专注、踏实带来的喜悦感受。**请注意："流状态"就是一种"活在当下"的入场券。**

 ## "流状态"适用的场景

特别说明一下："流状态"适用于绝大多数人和绝大多数的工作岗位，而不是全部。也就是说，一天之中，你可能只有一部分时间处于"流状态"，即像超人般地工作，而在其他时间段，请你恢复成正常人的状态！否则，大脑有可能会因"过热"而烧焦了。

"流状态"适合用在哪些工作场景呢？主要是各种需要很专注、大量思考或创新类的工作。下面列举一些常见的场景：战略规划、每天的工作规划、设计运营流程、设计解决方案、制订商业计划书、研发产品、软件编程、调研分析、处理重要的文件、设计 PPT。

当然，还有其他类似的、跟独立思考或创新相关的事项适合应用"流状态"。或许你已意识到高效时间段应处理当天最重要的事，若此时应用"流状态"将对你产生极大帮助。

03

如何快速进入"流状态"

 进入"流状态"的前提条件

或许有不少人听说过"流状态"，但仅有少数人能够在工作中运用自如。那如何在工作中进入"流状态"呢？下面我用一个实际的例子进行示范。

【实践练习】请把前面学到的工作节奏和高效的重要关系，以无私分享的方式讲解给一位好朋友听，让他也能受益。现在，请你思考一下如何执行分享行为。

请问，以上思考的过程是否应为如下几点？

思考这件事对你的意义

首先，你可能会想："做这件事对我有没有意义？"如果本书带给

你的启发不少，你可能会想："我把自己获得的收获跟好朋友分享，不管对自己而言，还是对朋友而言，都是挺有意义的事。"

要做什么

接着，你可能会想："我该把这个好的心得和收获，分享给哪位好朋友呢？"要选出一个对象。

该怎么做

再来，就是稍微整理一下需要分享的内容，并通过打电话或微信联系上这位好朋友。相信你知道这一步骤该怎么做。

具备专业能力

你现在应该能够胜任并做好这件事了，因为你已经学习了前面的章节，有了心得和感悟，甚至还做了一些笔记，所以在讲解工作节奏和高效的关系时，你已经具备了高效专业知识。虽然在短时间内让对方完全领悟可能会有点小挑战，但是问题不大，对吗？

能获得及时反馈

当你在跟好朋友分享的时候，你可以很清楚地感受到他被启发的程度，是不是？也就是说，你可以实时获得效果反馈。

有乐趣

或许从开始学习到现在，你觉得本书介绍的内容挺有意思，当你跟好朋友分享时，也觉得这是件挺好玩或挺开心的事，是不是？

很快能知道结果

最后，你可以很快知道分享结果的好坏。

你的思绪，是不是如同我所描述的以上 7 个过程？我刚刚示范的这个例子就是要进入"流状态"的前提条件。若是这些前提条件都具备了，你就处于进入"流状态"的分水岭了。但只是有机会进入"流状态"，不保证能够进入。

 能否进入"流状态"的情况分析

若想进入"流状态"，通常会有以下几种情况。

太难

如果你发现，要在一小时内成功地将一些内容分享给好朋友非常困难，你也完全无法回答朋友的一些疑问，这时你就会觉得这件事太难了，心里也会感到烦躁，从而让你想打退堂鼓或者直接放弃不做了。你一旦失去了信心，就不会进入"流状态"了。

没挑战

如果你发现在一小时内将一些内容成功分享给好朋友太容易了，这时你就会觉得这件事挺没劲，因为没挑战，从而不会进入"流状态"。

难度适度的挑战

如果这时我给你一个新的挑战："请你在成功分享给第一位好朋友

之后,在接下来的一小时内,再分享给其他三位好朋友。"当我把难度提高,让你感觉虽有一定的挑战但有机会实现时,你就会再次燃起一股动力,这会让你在之后的一小时里非常专注,而且时间会过得很快。这就是一种持续处于"流状态"的典型情况。

够不着

如果我让你在一小时的时间内将一些内容成功分享给 100 个人,你很可能觉得这远远超出了你的能力,于是连尝试的心都不会有了,即直接放弃了。是不是?

所以,要进入"流状态"的关键点是:想做的事对你来说要有一些挑战,但还是可触及的。如果你能够不断地提升专业能力(尤其是高效能力)、核心能力,就能承接更有挑战性的任务,进而能持续进入"流状态","产出"更出众的成果,形成一个良性循环,那么你离自己的梦想就更近了!

04

"流状态"在工作与生活中的落实 /

在工作中，应如何进入"流状态"，并且最大化它的效果呢？下面
与你分享一些多年来我实际应用与改良该方法后的心得。

√ 适用的工作性质。只有之前讲到的那些"工作性质"才适合用到"流
　状态"，即需要大量思考并且很专注的事项。而在处理一般事项和琐
　事时不太需要用到"流状态"。

√ 清晰且有挑战的目标。你自己清楚要做什么、目标是什么，并且这个
　目标对你来说虽有挑战，但有机会做到。如果公司或客户给出的目标
　对你来说不具挑战性，你应该怎么做？对！自己制订一个更高的目
　标！出类拔萃的人都会给自己制订更有挑战的目标！

√ 对你有意义。这一点特别重要，你要问自己："做这件事对我的意义
　是什么？意义够不够大？"这一点看似简单，但需要经过反复练习才
　能熟练。我会在之后的内容中对这一点进行强化。

√ 具备专业能力。你必须具备做这件事的专业能力，如公司产品的专业知识。再次强调，高效几乎是所有专业能力的基础！如果你还不太具备专业能力，那请你先多花些时间夯实高效的根基再说。这没有什么捷径可走，或者说，这就是捷径！

√ 快速反馈效果。你要进行的事项，最好能够快速获得反馈和结果，即容易知道效果好或不好。有些工作，如一个大项目，很难快速看到效果，所以我建议你将这个大项目的大目标拆解成一些很小的目标或里程碑，最好都是可以用数值衡量的，这样会对项目推进很有帮助。

√ 有乐趣。痛苦的事没有人想做。若想很容易地进入"流状态"且能持续，你需要从中找到乐趣！

√ 避免被干扰、打断。处于"流状态"时，应避免被干扰、打断，因为这会对你的工作效率影响非常大，一定要刻意做好安排来避免被干扰。

√ 提升你的精力状态。你需要做好个人的精力管理，从而不断地提升你的精力状态。因为"流状态"会很耗脑力，体力不好的人在"流状态"下持续不了多久，这很现实！

√ 适合用在高效时间段。由于"流状态"适合用在处理要事时，所以，在每天的高效时间段特别适合用"流状态"的方式处理要事。

如果你看了以上几个步骤，觉得有些复杂，那请你先记住一个原则：每次在进入"流状态"前，先给自己设定一个稍微有些挑战的目标，并保持微笑，之后再开始！若是取得了一些效果，或遇到疑问，请回到此处复习。

在了解了"流状态"的原理之后，就需要你在往后的工作中尝试着应用。刚开始可能会觉得比较难做到，因为你还不熟练，请给自己一些耐心，一步步来。其实，不论是管理大师，还是文学大师、艺术大师，都是善于做到极度专注的人。所以，我认为：**能否做到极度专注，在很大程度上决定了一个人此生会是平凡还是非凡！**

这一章我教给你一个不太容易懂，但是很厉害的方法，希望能帮助你做到极度专注，从而"结出"更出众的成果！你要知道：**专注，是高效的加速器！**

之前我提到过，我有个心愿，即为全中国人的"高效能力提升"奉献自己的微薄之力。这对我而言是一个有着重大意义的愿景和使命。不知道你愿不愿意做我的盟友，一起来推动高效，实现一个"高效中国"的愿景？

 【总结与行动】请拿出自己的记事本，用自己的话语做个心得总结，并写下至少第一步的行动。

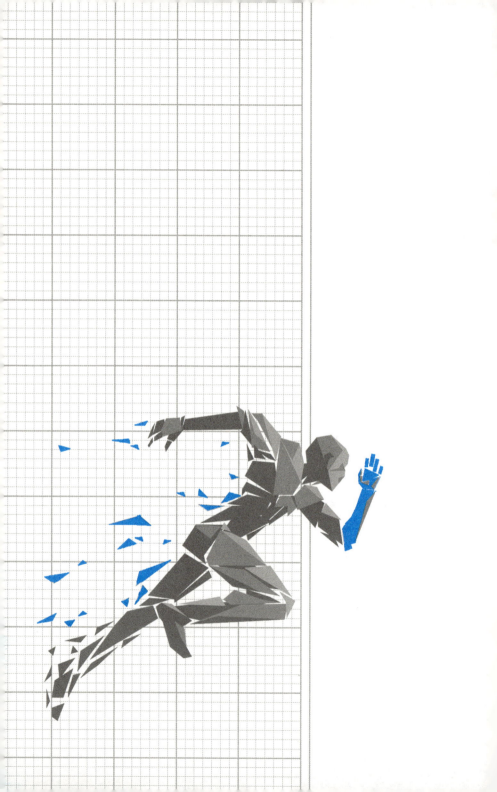

第八章

拖延症？这里有解药

01

正确认知拖延症 /

我先澄清一个观念：根据研究，凡是人，在做事时或多或少都会有拖延的情况。研究发现，31% 的人每天至少拖延一小时；26% 的人每天至少拖延两小时，而且这些只是我们能察觉到的部分，还有不少的拖延情况是自己没察觉到的，所以真实的拖延时间会更多！

看来，我们对于自己的认知，普遍是"自视过高"的：认为自己"应该"不会拖延；认为自己对于外界的各种诱惑"应该"是有自制能力的；在该认真做事或看书的时候"应该"不会逃避……事实上，拖延是人类的一种天性，每个人都会有拖延的情况发生。

如果有人告诉你说他在做任何事时绝对不会拖延，并且真的没有发现他有一丁点拖延的情况发生，那请你赶快逃，因为那绝对不是人类，可能是"代表月亮来消灭你"的！

请注意：拖延的情况，每个人或多或少都会有，这不是什么十恶不

救的大问题，更不是绝症。我们是人，不是机器，请不要过度自责，因为自责也没用！即便是世界上顶尖的高效人士，有时都免不了会拖延。比如，我在开始写这一章之前，已拖延了好一会儿。这样，你心里有没有稍微好过一些？你的担心、自责或抗拒，都是没什么意义的！

那该怎么办呢？就该认命了吗？倒也不是。

√ 首先，你要知道，拖延症不太可能根治，不要有错误的期待。如果有人说他有办法能够完全治好拖延症，那恐怕是"忽悠"人的。

√ 其次，这么多年来，我发现所谓能克服拖延症的书或方法，绝大部分太过理想化，长久实践下来均未取得显著效果。

√ 最后，在我研究拖延症的多年间，发现只有少数方法是相对来说效果比较明显的。我将它们整理到最精简的程度，从而一次让你搞懂！

02

找寻拖延症的形成原因和对策 /

 分析拖延症的形成原因

为了深入了解人类拖延的情况，美国加州大学洛杉矶分校（UCLA）做了一个研究。研究发现，我们对于将来的自己，跟对于马路上陌生人的感觉居然是一样的，都达到了漠不关心的程度。这主要是因为我们对于将来的自己，摸不着、看不到，所以没什么感觉，也就是说，我们最在乎、最关心的是当下的自己，对于将来的自己，我们漠不关心。

研究还发现，我们在拖延的时候，其实是把"当下该做的事"推诿给了谁呢？对了，将来的自己！为什么呢？因为在我们的内心深处认为这就像把它推诿给了漠不关心的陌生人一样，觉得无所谓，甚至还会误以为，将来的自己比较有时间和精力做这件事。因此，我们每次想拖延的时候，心里会不自觉地嘀咕：这事待会儿再说吧！

UCLA 又继续做了一个很有趣的实验：首先：他们给每个被试者1 000 美元，让他们把钱分给现在的自己和将来退休时的自己。比如，有些人将 900 美元分给现在的自己，将 100 美元分给退休时的自己。接着，再用一套电脑摄像系统拍摄被试者的面容，经过电脑图像处理后，让被试者看到由电脑模拟出的自己年老时的模样，即让被试者真切感受到自己年老时的样子。最后，让被试者再做一次分配 1000 美元的测试，结果发现平均每个人会多分一倍的钱给将来退休时的自己。也就是说，我们在做事拖延的时候把事情推诿给了将来的自己，且是无所谓的。但是，如果我们能很清楚地感到以下两点，你的拖延症立刻就会缓解一些。

√ 做事拖延就是将现在该做的事，推诿给将来的自己，但那还是你自己！

√ 将来的你也不会有更多的时间和精力！

如果你能够进一步、真切地看到自己年老时的模样，你就更不忍心把事情推诿给"他"了。拖延症的问题甚至可以化解一半！

恐怕很难再找到另一个能快速化解一半拖延症的办法了吧？这是不是很棒？

🚀 化解拖延症的实用技巧

问题是我们怎样才能"看到"将来的自己呢？一些手机软件 App（如

"时光机器"App）可以把你的自拍照模拟成年老后的样子，不仅效果不错，而且大多是免费的。想看看我的示范吗？

现在的尹老师　　　　由软件模拟的"老年"尹老师

以后每次想拖延的时候，先打开年老时的照片看一下，接着问问自己："我要把现在该做的事推诿给将来的自己吗？还是现在赶紧做了吧！"那种想拖延的感觉明显会下降不少！你也可以把照片打印出来贴在办公桌的显示器旁边，以此来提醒自己。这种方式的效果会更好！

虽然这个方法有些残酷，但是有效！如果觉得太残酷了，你只要把它当成一个好玩的游戏，感觉就会好很多。

对于自己年老时的照片，有些人可能会觉得吓人：原来自己年老后会是这样的！尤其爱美的人特别受不了，甚至被吓到把这个 App 卸载掉。但请你多给自己一点耐心和包容，就像关爱年纪大了的父母、爷爷奶奶一般，用心关爱年老时的自己，因为他就是你，他需要被关爱，你需要被关爱！而且，如果你现在不面对这个由科学实验找出的拖延原因，就只好面对因为终生有严重的拖延问题而错失现在就能大幅改善命运的机会！选择权，在你手中。

【**实践练习**】请为自己准备一张年老时的模拟照片。

03

深入分析拖延症在大脑里是如何形成的

为什么人类会拖延呢？这是因为在我们的大脑里有两个区域主宰着我们面对事情时的不同倾向。

- √ "爱拖延"的大脑边缘叶系统（Limbic System）：大脑边缘叶系统处于大脑核心的边缘，倾向于让我们"及时行乐"，这也是动物天性。比如，看到食物就想吃、吃饱了就想睡、遇到麻烦的事就想逃避或偷懒……人类的大脑边缘叶系统已经进化了数百万年，影响程度很大，属于原始的本性。

- √ "要坚持"的大脑前额灰质区（Prefrontal Cortex）：大脑前额灰质区靠近我们的前额部位，倾向于让我们"严于律己"。关于这个部分，人类大脑进化到了近几千年才有了明显发展。有科学家说："这个区域是人类区别于其他动物最重要的原因之一。"

　　但是，大脑前额灰质区对人的影响，要比发展了几百万年的大脑边缘叶系统弱了很多，所以总体来说我们更倾向于"及时行乐"，而不是"严于律己"。人类为什么会遇到一点困难就想拖延、想逃避？就是这个原因。

　　所以，当我们想要拖延、逃避时，其实是在我们的大脑里面，大脑前额灰质区和大脑边缘叶系统正在做激烈的斗争，看看谁会胜出。我们也知道，很多情况下是主宰"及时行乐"的大脑边缘叶系统获胜，因此我们需要提升"要坚持"的大脑前额灰质区的获胜比例。有趣的是，大脑前额灰质区是可以锻炼的！

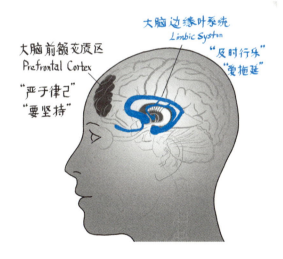

04

化解拖延症的科学方法 /

应怎样化解拖延症呢？实际做法有如下两种。

- √ 第一种方法是"启动"大脑前额灰质区：用一些技巧与谋略来让大脑比较容易化解拖延的情况。

- √ 第二种方法是"强化"大脑前额灰质区：让"坚持"变得越来越不费力。

我们来试试第一种方法。这种方法的原理是：先分析出哪些情况更容易让我们拖延，再给每种情况制订一个化解的小谋略，也就是在我们想要"及时行乐"或逃避的时候，依靠这个小谋略，就能在不知不觉间开启"要坚持"的第一步，从而让大脑前额灰质区活跃起来，并化解拖延情况。

哪些事更容易让我们想要拖延呢？研究发现主要有如下几类：困难的；枯燥无趣的；无从着手的；对我没什么意义的；会让人感到挫折且没有好处的。

这几种情况都容易让我们想拖延，程度越深，或几种情况的组合叠加越多，我们就越容易拖延。

下面举个例子，以便帮助你轻松了解一些化解拖延的小谋略。比如，在很久以前跑业务的那段日子里，我最不喜欢整理出差期间的报销单据，通常我的第一反应是：之后再说吧！先做些其他的事吧！先吃个饭吧！先看个电影吧！先玩一会儿吧！所以在这个时候，我需要采用一些小谋略来消灭那些会触发拖延的因子。下面这张图表可让你对可用的小谋略一目了然。

	触发拖延的因子（逃避想法）	可以用来化解拖延的对策、小谋略
1	这件事做起来有些麻烦、困难，因为单据有好多种	在精力状态比较好的时候开始做这件事，因为在精力状态比较好时心理素质也比平时强大一些，比较能应对麻烦事且不退却
2	这件事很枯燥、无趣	创造些乐趣：①我可以先买一杯我最喜欢的星巴克咖啡和一块小点心，之后再开始做，以此来增加一些做这件事的乐趣；②我甚至可以把这些单据带到附近的星巴克去做
3	好像对我而言做这件事没什么意义，也没什么实质性的好处	快速写出这件事对自己的意义、好处：比如，我把现金拿回来后，可以用其中一部分给自己买好吃的……因为我特别爱吃，所以可以用这个小奖励作为这件事对我的意义及好处

刚才我做了一个示范，你自己在做的时候，只要依照这个方法，多尝试几次就好。

【**实践练习**】下面就来尝试使用技巧和谋略"启动"你的大脑前额灰质区，以便化解拖延的情况。请挑选一个你经常遇到的个人拖延情况，并套用下面这个表格，规划出你化解拖延的小谋略。

	触发拖延的因子（逃避想法）	可以用来化解拖延的对策、小谋略
1		
2		
3		

若想改掉拖延的不好习惯，一开始的操作一定不要太复杂。比如，刚刚这个例子，最关键的是克服拖延的小谋略。小谋略一定要让自己觉得好玩、愉快、享受，不仅第一步很简单，之后还有些小奖励或好处。至于怎么安排，你只要把握住"让自己开心"的大原则，就会有效果了！因为它很巧妙地化解了大脑前额灰质区和大脑边缘叶系统的冲突。下面总结一下化解拖延症的原理与方法。

√ **拖延症的起因是大脑内部的斗争。**拖延症的起因是大脑里面的"及时行乐"区战胜了"严于律己"区，即想把现在该做的事推诿给将来的自己，从而造成拖延。

√ 化解的主要方法是看到将来的自己。应让自己尽量看到、感受到将来年老时的自己，并因"于心不忍"而放弃拖延的念头，即立即开始执行而不拖延。

√ 针对每一个拖延因子找个对策。对自己使用一些小谋略，从而让自己感觉到现在就开始处理是很有意思的事，不仅第一步操作很简单，在事情完成后还有好处或小奖励，以这种方式"启动"大脑前额灰质区。

这一章我讲解了化解拖延症最简单、实用的方法。我想请你花费几分钟的时间应用 App 把自己年老时的照片准备好，也建议你把这张照片拿给家人看，互相开开玩笑，更重要的是互相提醒做事时不能再拖延。

【总结与行动】请拿出自己的记事本，用自己的话语做个心得总结，并写下至少第一步的行动。

第九章

善用利器：如何选用高效工具

01

工欲善其事，必先利其器 /

商场、职场均如战场，在没准备好高效的装备和武器之前就赤手空拳上战场，其结果可想而知。

人类可能是在地球上的所有物种中，除了拥有智慧之外，其他各方面都比较弱的一种生物：我们打不过也跑不过猛兽；我们不擅长爬树，不太会潜水；我们不耐寒、不耐热，一点点风吹草动就会让我们的身体生病；大部分人的心理还很脆弱，常常会出现情绪方面的问题。

那人类为什么能成为这个星球的主宰者呢？是我们善用智慧吗？不完全对！其实，单一的一个人都很弱，但我们善于使用人类积累下来的智慧，也就是全体人类一代代传递和积累下来的智慧，而不是一个人的智慧。

这是什么意思呢？你想想看，如果单独一个人赤手空拳地走在非洲的丛林里，若遇到猛兽，哪还有生存的机会？但如果这个人手上带着防身的武器，不论是锋利的刀还是枪支，他都变得安全多了！若再加上强光手电筒、GPS 定位仪等，那他就可能在丛林里畅行无阻了。这些装备和工具就是人类利用自己的智慧不断地将其迭代、改良后的成果。所以，这个人携带的各种设备和工具是人类的集体智慧。也就是说，他之所以能一个人畅行无阻地行走在非洲的丛林里，靠的是人类的集体智慧，而不是他个人的能力。

同样的，工作中的激烈竞争程度不亚于非洲的丛林。因为职场不是在跟其他动物竞争，而是在跟其他的人竞争。每个人都有同样的机会获得人类积累的智慧，所以我们说"工欲善其事，必先利其器"。可惜的是，很多人太过天真，两手空空就进入了工作这个"战场"，不带好装备和工具，全凭自己的匹夫之勇，莽撞地跑来赌运气，结果可想而知。

那么，哪些好的装备和工具才算是利器呢？我认为至少要有如下两个。

🚀 高效力

其实高效的能力或高效的方法是由于人类不断积累智慧产生的一个利器，也是我们核心竞争力的内功根基，我将其称为"高效力"。想想看，如果竞争对手比你快很多，当你还在思考之时人家早已把好的产品做出来了，把市场抢占了，这种以快打慢的方式基本上让你失去了机会。所以，我们能不高效吗？

🚀 高效工具

另一个利器就是高效的工具。比如，别小看记事本的作用，它就是一个利器！科学证明，我们的大脑并不擅长记忆，记忆的功能最好由外在的工具代劳，因此我们常说"好记性不如烂笔头"，可惜这个道理在实际工作中往往被人忽略了。

以前常常遇到有些员工空着手就来找我谈事。在沟通完之后，我就很担心："你能记住我刚刚指派的任务吗？"他说："请老板放心，我记得住！"然后呢？等到期限都过了，我去追问，他才大叫一声："哎呀！忘了！"你有没有遇到过类似的情况？

我从过去的 30 多年中，以及从各种不同行业、不同领域的经验当中发现，那些有真材实料、很杰出的人士都有一个共同特征，即这些优秀的人都是"全副武装"的。我说的并不是他们穿着的职业套装，而是指以下两点。

√ 他们具备高效竞争的专业能力。
√ 他们具备能把高效能力发挥出来的个人高效工具。不论是哪种工具，包括手写类的工具或科技类的工具，他们一定都有！

那么，你呢？你现在的高效力达到什么程度呢？你有好用的高效工具吗？下一节我将带着你进一步研究各种高效工具，以便大幅减少自己摸索、走弯路的时间和精力。

02

选择高效工具的原则 /

如何正确选择高效工具呢？经过不断地深入研究，我得出如下结论。

若想高效，必须善用工具

由于人脑的限制，如果想要高效，就必须搭配使用一个适合你的高效工具，否则就像我们赤手空拳地跟敌人的机枪、大炮抗衡一样，全无获胜的可能！

所选的高效工具必须简单有效

高效工具的种类非常多，五花八门的。只要是能协助你提升高效能力，或发挥出你的高效能力的工具就可以。高效工具主要包括两大类：手写纸张类和 IT 工具类。

选错复杂的工具会有反效果

高效工具不能随便乱用，就像一个人没有功力就想舞动青龙偃月刀一样，根本就抬不动。如果你乱用工具，不但不能帮你实现高效，反而会降低效率。不要人云亦云，听别人说什么工具好就拿来用！你不要小看这种情况，其实这是非常普遍的！

 ## 选最适合你的工具，但不要花费太多时间寻觅

我在刚开始学习高效的前几年，真希望有人能够简简单单地告诉我哪个工具好用，我直接用就好了，这样比较省事。在之后的好多年中，我发现包括自己在内的不少人，都在寻觅最好用的高效工具，但是一直没有找到最完美的，甚至发现每个高效高手用的高效工具都不太一样。更有意思的是，好几位顶级的高效专家居然只使用科技含量最低的手写工具，这就让我更加迷惑了！在我"不信邪"地执着寻找了好多年后，我终于明白两个道理：

√ 第一，不要花费太多时间在寻觅"更"好用的工具上，因为这太耗时了。

√ 第二，最适合你的高效工具才是最好的！凡是会让你有点伤脑筋的工具，都不适合你！千万不要盲从别人的推荐。

03

选择适合自己的高效工具 /

　　怎样选择适合自己的高效工具呢？在我们即将从事一个危险的运动之前，需要先了解自己身体的哪些部位在这个运动中最脆弱、最容易受伤，之后再选择可以保护这些脆弱部位的护具：如果护具太多，把全身都包裹起来，就会因太过累赘而难以运动；如果护具太少，就达不到保护的效果。同样的道理，当我们在工作中需要更高效的时候，需要先了解自己在哪些地方最低效，或最需要补短板，只有这样我们才能知道该选择哪些高效工具来协助我们。所以，选择最适合自己的高效工具的第一步不是选工具，而是先做个自我分析。

自我分析：我们的短板和限制

人脑不擅长记忆

　　人脑是有限制的，不论是长时记忆还是短时记忆，我们都不擅长。

人脑擅长的是思考、分析和判断。所以，我们需要的高效工具的第一个共性是能够帮助我们更好地记忆，并且容易让我们看清楚所有的情况。

人脑不擅长多工

人脑不擅长多工，在两件以上的事情同时用脑时大脑的效率就会降低。比如，当我们正在思考的时候，还需要考虑如何使用高效工具，就会在很大程度上影响原本的思考能力。而此时这个高效工具就变成了负累。所以，高效工具的第二个共性是必须对使用者来说"简单好用"，在操作上不会增加大脑的负担，而且能让我们的工作快速而接连地根据优先序执行。

弥补人脑的短板

基于上面所说的人脑限制，也就是记忆能力差、怕被干扰和打断等情况，我们可以通过高效工具来弥补人脑的短板。

- √ 不会阻断思绪的工具：若想完全发挥出我们的创意思维，应尽量选用"不会阻断思绪的高效工具"。这类工具的首选是手写工具，比如，记事本、便利贴；其次是你可以熟练操作、使用方便的科技工具，这类工具的选择就要视你对科技工具和软件使用的熟练度而定了。

- √ 方便改动的工具：重复性的工作和行动任务、变动性大的事项都属于与"逻辑思维流程"相关的行动步骤，需要时常改动，所以可以选用方便修改、变动的科技工具（比如，电脑、智能手机上的一些简单好用的软件或 App），直接在软件上面改动就好，而不需要重写一遍。

关键在于你的高效观念的专业度

善用高效工具能够为你的高效能力插上高飞的翅膀。当然，先决条件是你已具备很强的高效逻辑思维，只有这样才有可能把好工具的效果发挥出来！这就像对于重达八十二斤的青龙偃月刀，如果你没有关云长的神力，抬都抬不起来，更别说过五关、斩六将了！所以，适合你的工具才是高效工具！关键不在于工具有多牛，而是"你的高效观念的专业度"有多"牛"！还有，工具不要多，越是少而精就越好。

基于以上分析，可以得到这样的结论：**真正高效的利器 = 高效观念的专业度 + 适合你的简单好用的工具**。

适合你的高效工具

可以根据你在现阶段具有的高效能力和习惯来选择适合自己的高效工具。我将高效工具分为两大类：发挥创意的高效工具和方便改动的逻辑处理工具。

发挥创意的高效工具

发挥创意的高效工具是指能协助你发挥自己的创意思维，并且不会阻断你的思绪，还能帮助你记忆、强化认知的工具，主要包括如下几类。

√ 手写类工具：不论你对科技工具的使用熟练到什么程度，我对于高效工具的第一推荐都是手写类工具！为什么？你有没有过这样的经历：想要写个计划或构思一个方案，结果坐在电脑前面老半天什么都没有写出来。这是因为电子类的工具容易让我们陷入左脑的"逻辑思维"模式中，这时右脑的"创意思维"就容易停顿。就连苹果公司最顶尖的设计师在开发苹果产品时，都是先把电脑关掉并拿出纸笔来构思，或通过白板墙手绘、书写和沟通。最终在创意完成后（以右脑为主），再用电脑处理（以左脑为主）。顶级的专家都是这么做的，只是我们一般人不知道而已，误以为是自己的创意枯竭了，才会坐在电脑前面发呆、忧心！其实传统的手写、手绘方式有很大的优势，这是因为我们从小就学写字，几十年下来，大脑的神经系统跟写字的那只手的神经系统完全连接起来了，所以当我们需要用到"创意"的右脑时，最好使用手写、手绘的方式，思绪才不会受到干扰。并且在手写的过程中，会加深我们对于要记录内容的认知程度，这一点是用电子笔记达不到的。所以，凡是要用到创意思维的事项，就先拿出纸笔来，可以使用固定的记事本、便利贴或 A4 纸……统统都行！

√ 科技类工具：在手写类工具之后才能考虑使用你完全可以胜任、使用方便的科技类工具，但必须是完全不会干扰到创意思维、操作起来自然顺畅的科技类工具才行！比如，你能非常熟练地使用微软的 Word、Excel，或"有道云笔记"App、"印象笔记"App、思维导图的软件时我才推荐你使用这类工具。

　　【实践练习】请根据这一部分的内容，写下你初步选择的方便发挥创意的高效工具，以及你打算怎么使用它们。建议：选择的工具应尽量简单好用，最好只使用一个工具。

方便改动的逻辑处理工具

　　对于时常需要反复改动的工作事项，如每天的任务事项、日程安排等，这些大多需要用到左脑的理性逻辑思维，我给出的建议如下。

√ **手写类的工具最简单好用**：对于大多数人来说，尤其对于刚开始学习高效的初级人士而言，手写工具是最简单、直接的！我所知道的，有不少中级甚至高级的高效高手，依然主要使用手写类工具。所以，千万不要以为手写类工具是低端的工具。

√ **任务清单类的软件和 App 也有用**：如果你很熟练于操作电脑和智能手机，那么可以考虑采用一些简单好用的任务清单类软件和 App。这类工具的优势是容易修改。比如"印象笔记"App 或"有道云笔记"App 的记事本清单功能就可以用来记录你的行动事项。你甚至可以用微信的"文件传输助手"记录你的行动事项。只要能够方便地看到事项清单即可。

√ **任务管理类的软件和 App 要慎用**：任务管理类的软件和 App 是功能更强大也更复杂的工具。比如，手机上的任务管理类 App 就有如下多种：TODO、Doit.im、Wunderlist、Any.Do、Teambition、Remenber the Milk、OmniFocus……但我还是不推荐给非 IT 工具的使用高手使用。除了之前所说的，会因为操作的复杂性而降低你的效率这一原因之外，还有个很常见的大问题：失去方向感。有不少人，因为用了这类任务管理类的软件和 App，变得更忙、更累了，但对于事业和绩效表现、梦想实现的帮助微乎其微，并且找不到出现这一现象的原因。这是因为自己的思维还不具备高效优先序的规划和处理能力，只是每天忙于处理任务清单，而不是在依据优先序处理要事。

√ **日历本和"日历"App**：对于时常需要设置的各种事项、议程、日程规划，建议你使用一些好用的日历，最简单的工具是手写的日历本。你也可以使用手机自带的"日历"App，以及微软 Outlook（有网页版、手机 App 版、电脑软件版）里面的日历功能。这些都很容易找到和使用，请自行尝试。

【实践练习】请根据这一部分的内容，写下你初步选择的方便改动的逻辑处理工具，以及你打算怎么使用它们。建议：选择的工具应尽量简单好用，最好只使用一两个工具。

我个人使用的高效工具，是由好几个不同的手写工具、不同的软件工具搭配而成的，将高效的关键心法贯穿于这几个工具后可产生较好的效果。在这里，还是要强调那句话：高效工具要与你的高效能力相匹配，且不能干扰你的思绪。一旦不顺畅，就改用手写的工具，手写是最简单、最直接的记录方式！

 【**总结与行动**】请拿出自己的记事本，用自己的话语做个心得总结，并写下至少第一步的行动。

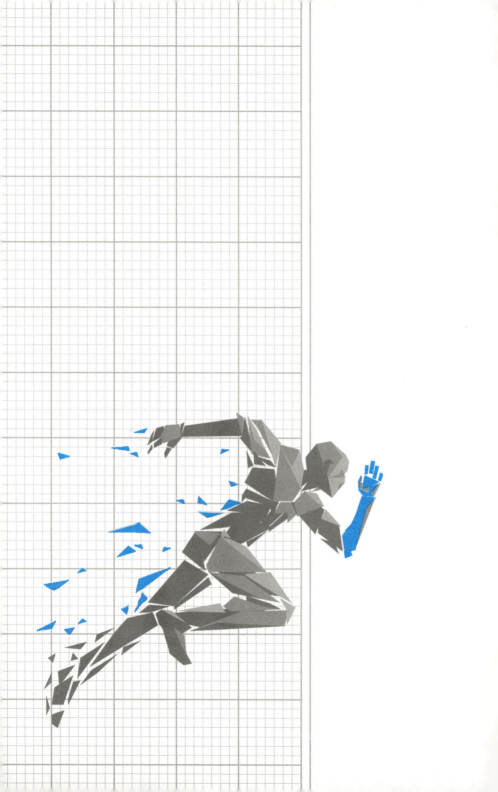

第十章

成为高效的收纳

管理达人

01

收纳管理与高效 /

办公和生活环境的简洁与否，对于我们的工作效率及产出有没有影响呢？英国办公易怒综合症研究专家奈杰尔·罗伯逊和研究人员经过对 2 000 名白领进行调查后发现：其中有 **40%** 的人会因为杂乱的工作环境而影响到他们的工作情绪和工作效率。

另一项统计发现：白领一族平均每天花费半小时到一小时的时间，在杂乱的桌子和文件中，或在电脑文件夹中寻找重要的文件。

而我发现：办公桌上杂乱的物品特别容易诱发拖延症！因为那些桌面上的杂物、小东西、小饰品，会在工作或学习的时候向你"招手"，意志力稍微薄弱一些的人是很难禁住诱惑的！

所以，每当你听到有人说："桌面混乱是我故意造成的，以便我很快找到全世界仅有我一个人知道的物品位置。"而且强调这样做他会比较高效。对于这类情况，只要稍微观察一下就会发现，这类人的工作效率大多较低。

高效的人都有这样一个共性：他们的办公区井井有条，以方便他们在第一时间，沉着、迅速、准确地找到自己需要的文件和物品。若想提高工作效率，需要先改善我们的办公环境，即打造一个高效的办公区。不只是工作，我们的生活环境也一样。

但是，许多人表示：一想到要"收纳整理"就很头痛，因为长时间积累下来的东西很多、很乱，每次收拾都是一次痛苦的经历。这一章将要与你分享的是一种新的方法，可让你一次就"根治"杂乱的问题，而且不容易复发。你在学会了这种很棒的"高效收纳管理"原则之后，还可以将其应用在生活中的其他地方。

"高效收纳管理"是一门大学问，所以这一章的分量会比其他章重些，但会充满乐趣，尤其当你很快看到自己收纳之后的成果时，那种快乐的感觉是难以言喻的！

有的高效专家表示：你的办公区反映了你的思维。也就是说，如果你的思维杂乱无序，那你的办公区和桌面也必定是杂乱无序的。桌面上的每一张纸、每一件物品，就代表一件你尚未完成或还未做决定的事项。无论你是否相信这样的理论，但有一点是很值得参考的：**如果你的桌面非常杂乱，很可能会被人认为你这个人在做事时也是杂乱的。**

如果你的工作区和桌面能够时常保持整洁，那么你会获得以下好处。

√ 更专注：更容易做到专注和高效，因为不会有很多杂乱的文件和物品来吸引你的眼球，或者造成干扰。

√ 放松与掌控：当你把工作区有条不紊、分门别类地收纳好之后，你会更容易找到需要的文件和物品。在节省时间之余，你的头脑也比较容易放松，会有一种轻松掌控的感觉，从而让你气定神闲。

√ 更有成就感：在找东西和收东西变得更加快速后，就可以利用节省下来的时间多做些"重要不紧急"事项。比如，做事业和人生的规划，从而让你取得更大的成就！

需要注意的是，有关收纳管理的方法不仅适用于办公区，也适用于你的书房区或学生的书桌区。也就是说，在你学会了这种工作区域的高效收纳管理方法之后，可以将它应用在你个人收纳的任何地方。

02

收纳管理的正确观念

高效的收纳管理是一个很专业的技能。若想学好它，你就不能立刻卷起袖子开始收拾东西，这么做恐怕只会给杂乱的工作区域增加一只"无头苍蝇"，并不会给你带来期望的整洁空间，而且很难维持。此时，你最需要做的是先了解收纳管理的正确观念、正确的收纳原则和步骤。

🚀 收纳管理的"成功画面"

收纳管理的最终目的是要做到工作和生活上的井然有序，从而有助于你能获得"心无挂碍"的高效表现。让我们预先看看你在收纳管理完成后的"成功画面"，也就是你想实现的好效果是怎样的。

√ 方便而高效的个人工作站：将办公区里的所有物品、文件，根据你使用它们的频度和密度，做出最方便、最有效率的收纳安排，使你工作起来更加高效。

√ **物品摆放简洁有序**：你的桌面、办公区，以及所有能够看得到的区域都简洁有序，没有多余的物品，看起来清爽舒服。

√ **物品容易找到**：所有收纳好的文件与物品都容易找到，不会妨碍你高效地工作。

√ **物品容易归位**：取出的文件与物品容易归回原位。

√ **效果容易长期保持**：收纳好的办公空间容易长期保持整洁的效果，收纳的成果可以轻松维持住。

这些通过收纳管理获得的好效果，是不是你想要的呢？

🚀 快乐收纳秘诀

不知道你有没有过这样的经验：当你哪天心血来潮开始收纳时，本来是在整理抽屉，却找到一份应该放在档案柜中的参考资料，于是你拎着那份参考资料来到档案柜，却发现档案柜毫无系统，根本不知道这份资料该如何存放。于是你暂时放弃整理抽屉，改为整理档案柜。在整理档案柜时又发现了几本你不知道什么时候胡乱塞进去的书和杂志，于是拿着那几本书来到书架，猛然发现书架也是一团乱。这时又改为整理书架。书架刚整理到一半，又觉得将来书架还会变得无序，干脆就放弃了收纳，而且挫折感十足。有没有？

如果想避免这样的情况，你必须在懂得收纳管理的大原则之后再开始收纳。根据我多年来的心得，收纳管理的精髓是下面这两点。

越常用的物品越要收纳在距离自己近的地方

在工作中使用越频繁的物品越要收纳在距离你座位近、使用方便的空间里，从而令你能够快速、方便地拿到最常使用的物品，节省你的时间和精力！

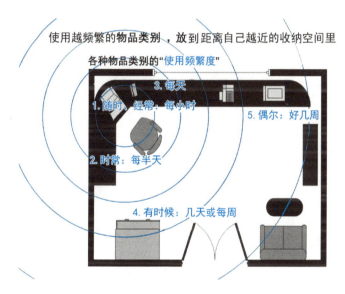

使用越频繁的**物品类别**，放到距离自己越近的收纳空间里

各种物品类别的"使用频繁度"

3. 每天

1. 随时、经常：每小时

5. 偶尔：好几周

2. 时常：每半天

4. 有时候：几天或每周

物品类别的"使用频繁度" vs 收纳空间的"使用方便性"

物品类别		收纳空间	
使用频繁度	（平均多久会用到？）	使用方便性（距离我的远近？）	
1	随时、经常：每小时	1	最近：非常方便
2	时常：每半天	2	很近：很方便
3	每天	3	近：方便
4	有时候：几天或每周	4	比较远
5	偶尔：好几周	5	最远

同类物品收纳在一起

同一类的物品都收纳在一起，即若想寻找这类物品，一定能在同一个地方找到。

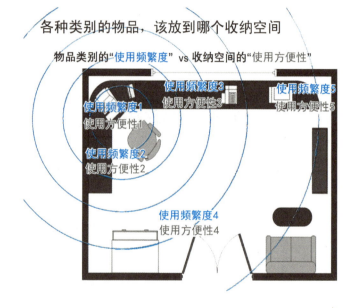

各种类别的物品，该放到哪个收纳空间

物品类别的"使用频繁度" vs 收纳空间的"使用方便性"

使用频繁度1 使用方便性1
使用频繁度2 使用方便性2
使用频繁度3 使用方便性3
使用频繁度4 使用方便性4
使用频繁度5 使用方便性5

 收纳原则

✓ **办公区杂乱会造成低效。** 杂乱的办公区会严重影响一个人的专注程度。原因是：每个进入眼睛视网膜的物品和文件都会被大脑的潜意识处理，增加了大脑的负累，但是你的显意识是无感的。更糟的是，这些眼前的杂物还会大幅增加你想拖延和逃避的可能性。

√ 收纳前的规划是关键。收纳新手常犯的错误是在还没有对收纳进行规划之前，即还没有确定每一个收纳空间，包括抽屉、柜子等应该收纳什么类别的物品时就开始收拾了，并且时常先从一些特别混乱的区域，如堆满杂物的抽屉、橱柜开始下手。这反而会使混乱的情况加剧，还会因此产生挫折感。所以，在收纳前做好规划是最重要的一步。

√ 收纳是个项目而非行动。如果你一开始就认为，收纳是个要撸起袖子尽快采取的行动，那么效果很可能会不尽如人意，需要收纳的环境和物品越复杂就越会如此，原因是你一开始的观念就错了。其实收纳不是一个单纯的行动，而是一个非常复杂的项目。作为一个项目，需要先规划好收纳的时间，然后下定决心把"收纳管理—打造高效办公区"当成由多个行动步骤组成的项目来规划和执行，最好安排在假日或周末进行，这样做可较少受到工作的干扰。如果你实在很忙，也可以在每天下班后抽出半小时的时间进行收纳，直到大功告成为止。在收纳整齐之后，你每天只需要花费几分钟的时间维护一下，就能享受高效办公区的种种好处。请相信，这个努力绝对是值得的。

√ 少即是多。在你的办公桌上最好只保留绝对需要的最少量的文具物品，其他所有的文件、纸张等物品最好全都分门别类地放到抽屉和附近的收纳空间里。

√ 享受过程。收纳过程应该是有趣的。你可以事先选择一些好听的音乐，一边听轻快的音乐一边收纳，这样会让收纳变得更加有趣。你也可以想想其他的办法让这一过程变得有趣。总之，让自己以愉快的心情保持最佳状态，并享受收纳的过程即可。

√ **每天做一点点维护。** 收纳管理的维护工作不见得是很麻烦或耗时的，你可以每次花一小段时间做一点点维护。比如，每天在你工作比较疲累的时候，或头脑不想再动的时候，或在下班前花个几分钟的时间做一些基本的收纳管理维护，而在周末时做一次比较完整的清扫，这样就可以持续地保持工作区的整齐与清洁了。

√ **断舍离。** 要舍得丢弃！许多人收藏了一大堆的物品、文件、资料，认为这些都是"将来用得到的"，舍不得丢。结果越囤积越多，以至于在柜子旁、走道边到处堆积，东西也找不到，最终"有用的"全都变成了"无用的"。其实许多所谓的"有用的参考文件"，你一辈子也不会再用到，还不如在一开始的时候就将其丢弃！

√ **奖励自己。** 你可以设定奖品来奖励自己获得的收纳成果。例如，在每个小区域收纳完成后就休息一下，享受点好吃的美食、好喝的饮料，或者承诺自己在整个收纳大功告成后，买一份小礼物来奖励自己，从而让收纳变成一件快乐的事。

通常我们在收纳完成之后就会发现，原本混乱的桌面空了、干净了，抽屉、柜子也变得好用了，而且，你很可能会发现，竟然还多出了不少存放空间，原本一直觉得空间不够用，现在却节省出不少的空间。鉴于现在办公和居住空间的成本很高、价格挺贵，在收纳完成后绝对可以为你省下不少钱！

03

打造高效办公区的分阶段规划

工作区域，会影响你的高效程度。若想打造出一个高效的办公区，应将收纳管理分为五个阶段来实施。

🚀 阶段一：定下收纳目标

在我们卷起袖子开始做收纳整理之前，你应该针对将要整理的办公区列出你的目标或称之为"成功画面"，这样做可以让你清楚知道自己最终想要达成的收纳效果，同时做起来也会特别有干劲儿！比如：

- √ 我要井井有条的办公区，工作起来更高效、更专业，感觉良好。
- √ 所有物品与文件都分门别类地收纳整齐，我能够在第一时间找到我要的东西，感觉一切尽在掌握之中。
- √ 我的工作效率大大提高，焦虑感和压力感大幅降低，我更能享受工作了！

√ 我需要建立一个很棒的收纳系统，所有的物品、文件都有一个"家"，每天只需要花费短短的几分钟时间就能维护好，这能让我心情愉快！

【实践练习】现在请写下在收纳完成时想要的效果或"成功画面"。

🚀 阶段二：准备收纳工具

在收纳的过程中，你需要一些能帮助你达到高效收纳目的的小工具与用品，你应在开始执行收纳工作之前将其准备好。只有这样，在收纳的过程中，你才不会时不时中断、分心地寻找这些要用的东西，从而能够一气呵成地高效完成收纳。以下列出的是常用的收纳工具和文具用品，其数量请你根据自己的空间大小估算，宁多勿少。

√ **笔、白纸和记事本**：用来做好规划和记录。

√ **便利贴与透明胶带**：在分类整理时为东西做暂时性的标记。可以准备几种不同尺寸、颜色的便利贴，包括比较小的书签类的小便利贴以及正常大小的便利贴，还需要透明胶带。

√ **卷尺**：用来测量收纳空间与物品的大小、距离。

√ **厚大且耐用的垃圾袋、塑料袋，以及大型购物袋**：杂物可能又大、又重、又尖锐，便宜的袋子很容易被磨破，你也可以准备一些大纸箱，作为收纳用的垃圾箱。

√ **一次性的塑料桌布或空纸箱**：用于在物品分类时暂时铺在地上，以免弄脏物品。

✓ 储存用的大（小）塑料盒、纸箱、纸盒：用于放置需要储存的文件或物品，小纸盒可以由一些回收的食品、物品的包装纸盒改造而成，这样做比较环保。

✓ 清洁、打扫用品：可以准备些吸尘布、抹布、清洁剂、鸡毛掸子、扫把、簸箕等。在收纳的过程中，可趁机清洁一下暂时空出来的桌面、抽屉、档案柜、地板等。

✓ 纸张和文件的收纳用品：可以选择性地准备一些档案夹、文件夹、资料夹、文件架、杂志架、一整盒的 A4 单页文件套、透明拉链袋、分类标签等，用于对纸张、文件进行分类。

✓ 饮料和点心：如果收纳时间比较长，建议准备一些饮料和点心，用来补充水分并维持体力。

✓ 音乐：个人推荐在收纳的时候，戴着耳机听音乐可让自己更享受收纳的过程。

🚀 阶段三：规划收纳流程

怎样才能做好收纳的规划呢？我们希望在收纳完成后，对办公区内所有物品的收纳位置安排如下。

✓ 最合理的："使用频繁度"越高的物品，收纳在距离我们座位越近的、"使用方便性"越高的收纳空间里。

✓ 好找到的：收纳的位置应该是容易找到的，也就是在寻找任何物品时都可以很容易找到。

√ 好归位的：在每次使用完物品后，应该清楚该归位到哪儿。

所以，为了达到以上目的，我们的收纳流程应该依照以下几个步骤来规划。

空间分析（使用方便性）

你需要清楚在工作区里有哪些空间可以用来收纳、存放东西，并且分析每一个收纳空间和你之间的距离，也就是对你来说的"使用方便性"：距离你越近的收纳空间，"使用方便性"就越高。

物品分类（使用频繁度）

你要列出工作区内所有物品的类别，并且判断平时对于每个物品类别的"使用频繁度"：越是经常使用的物品类别，其"使用频繁度"就越高。

合理配对

你可以把办公区内所有物品类别的"使用频繁度"和所有收纳空间的"使用方便性"做个配对，以此确保越常用的物品收纳在距离你越近的空间里。想想看，对于你经常用到的物品，你希望它存放在距离你比较远还是比较近的地方？

物品归位

在规划、配对好之后，就可以把各类别的物品归类放入对应的收纳空间里了。

制作索引对照表

之后可以编排一个类别和空间一一对应的索引对照表，以后在寻找某一类物品时，可以很方便地根据这个索引对照表找到。

摆放整齐

最后再逐一把每个收纳空间内的物品摆放整齐，这就大功告成了！

阶段四：执行收纳流程

前面提到了收纳管理的 6 个步骤，现在就来依照这 6 个步骤实际操作一下。这一过程需要用到半小时到两小时的时间，可根据收纳物品的多少而定。你可以一鼓作气地完成，也可以分多次收纳好你的办公区。

空间分析（使用方便性）

首先要记住收纳的一个大原则：**只有不知道该把物品收纳到哪里时，才会乱放！**

所以，收纳的第一步是先弄清楚，我们有哪些空间可以作为收纳之用。还有，我们要分析一下每个收纳空间对你来说的"使用方便性"。

- √ 现有的收纳空间。一般来说，在知识型工作者的办公区中，大多会有的收纳空间包括：办公桌的桌面、办公桌的几个抽屉、一个活动的三层文件矮柜、办公桌下方的空间、公事包、手提包、电脑包、待办文件架，以及办公桌上方的储藏吊柜……

- √ 可发展的收纳空间。如果可以，我们要最大化地利用物品的收纳空间，从而将摆放在办公桌上，以及办公区里的各个物品和文件都收纳起来，使整个办公区在视觉上显得尽量简洁、清爽。但是，不建议增加一些不美观的储藏柜，比如，那些不太好看的塑料箱子，最好使用一些和环境能很好融合的收纳柜。无论你能否增加一些收纳的空间，都要尽量减少物品和文件的数量：能电子化的就不要留下纸张；能丢掉或送人的，就不要留下，最好能达到"断舍离"的程度，也就是能舍弃目前 50% ～ 80% 的物品。

下面给出我的办公区收纳空间列表，以方便大家参考。

收纳空间	备注	与我的距离（cm）	使用方便性
抽屉 1	办公桌中央下方的文具小抽屉	0 ～ 30	1
办公桌面（近）	桌面上最靠近自己、可伸手触及的范围	0 ～ 30	1
办公桌面（中）	桌面上不可伸手触及的范围	30 ～ 60	1
抽屉 2	办公桌右侧上方抽屉	40 ～ 60	2
抽屉 3	办公桌右侧下方抽屉	50 ～ 70	2
桌下空间	办公桌下方可利用的空间	60 ～ 80	2
抽屉 4	边桌上方小抽屉	90 ～ 110	3
抽屉 5	边桌下方小抽屉	100 ～ 120	3
柜 1	文件柜第一层	150 ～ 180	4
柜 2	文件柜第二层	150 ～ 180	4
柜 3	文件柜第三层	150 ～ 180	4
书架 1	书架第一层	200 ～ 250	5
书架 2	书架第二层	200 ～ 50	5
书架 3	书架第三层	200 ～ 250	5
书架 4	书架第四层	200 ～ 250	5

　　现在，请你拿出几张 A4 纸，或用 Excel 表制作一个表格，用于列出所有的收纳空间。那要如何填写表格最右侧的"使用方便性"这一列呢？方法是：从距离你最近的收纳空间开始，用数字 1 ～ 5 代表每件物品距离你的远近程度。比如，最靠近你的抽屉 1，在"使用方便性"一列中应写上数字 1；距离你最远的物品的"使用方便性"一列应写上数字 5，即根据收纳空间距离你的远近，给它们标上 1 ～ 5 的"使用方便性"，这样我们就完成了收纳空间的清单制作。之后我们要参考这个收纳空间的"使用方便性"来与各种物品的"使用频繁度"做配对，并作为每个空间应该存放哪类物品的主要依据。

物品分类（使用频繁度）

　　越是经常使用的物品，越要收纳在靠近你的地方，所以，现在要把办公区内的所有物品依据它的属性来指定类别，并判断出平时对于每类物品的"使用频繁度"。

　　在这个阶段，我们要专注于对办公区里所有的物品分类，也就是要把同类型的东西放在一起，并且清理掉不会用到的物品。

　　由于需要将所有的物品拿出来，并将同类型的物品集合在一起才能做好分类，所以，一般来说，收纳工作最好是安排在周末或下班后，使用办公桌旁边空着的地面作为收纳的暂时分类区。当然，通常只有在第一次做全盘的收纳管理时才会这么"大张旗鼓"，待收纳管理完成后，就不再需要这么做了。如果用于暂时存放物品的地面不是很干净，建议先清扫一遍，或将几个塑料桌布、垃圾袋铺在地面上，以免在物品摆放到地上时被弄脏。现在,我们要开始做物品分类了。这一过程的做法是这样的。

- √ 由近及远地把桌子上的、抽屉里的、柜子里的所有物品全部拿出来,并摆放在地上。
- √ 每拿出一个物品,就先看看它属于什么类别,如文具类、纸张文件类、手机相关类、书籍杂志类……把同一类别的物品摆在一起。

- √ 当拿到一个新类别的物品时,就将它所属的类别名称写在一张便利贴上,并将其放在一个新地方。
- √ 重复以上步骤,直到所有的物品都分类完成。

除了要标注工作必需品的类别外,在分类时还要标注下面几个类别。

- √ 送给别人:自己的无用之物,可以转赠给有需要的人。如果分类时就已经明确知道可以将这个物品转赠给谁,就在物品上贴上写着赠予人名字的小标签。
- √ 有待修理:把要修理的东西集中起来,放进"有待修理"的箱子里。
- √ 拿回家:有些物品不属于办公必需品,有可能是之前从家里带来而忘了拿回去，或同事送你的家乡特产，随手塞进抽屉已久，这次要把它们通通拿回家。

√ **立即丢掉**：应把淘汰掉的物品立刻放进垃圾桶、垃圾袋，且不再用小标签注明。

当把办公区内的所有物品、文件全部分类摆放在地面之后，请在地面上每个"物品类别"便利贴旁放上一张小标签，上面写上你平时使用这类物品的频繁度，也就是你会不会经常使用到这个类别的物品或文件，用数字 1～5 表示。在这里，我先给你一个"使用频繁度"的数值参考，你可以根据自己的情况再做调整。

√ 1：代表这类物品是你随时、时常或每小时都会用到的。比如，你的手机、与手机相关的常用配件，以及常用的笔、便利贴、记事本等。

√ 2：代表这类物品是你时常或每半天会用到的。比如，你现在手头正在执行的项目文件。

√ 3：代表这类物品是你每天会用到的。比如，你的车钥匙。

√ 4：代表这类物品是你几天或每周会用到的。比如，一些参考的文件。

√ 5：代表这类物品是偶尔或好几周才会使用到的。比如，写完的记事本、小工具箱、螺丝刀等。

这些分类不见得非常精准，一旦你把所有的物品类别都分出来之后，可以再考虑每一个类别的"使用频繁度"，而且在一段时间之后，还可根据实际情况做调整。

【**实践练习**】现在请你依照以上步骤，为每个物品类别标上"使用频繁度"的标签。

合理配对

现在，我们要做收纳最重要的一步，即将越常用的物品，收纳在距离你越近、越方便拿到的地方，具体的做法是：把物品类别"使用频繁度"是1的，也就是使用最频繁的物品，配对到"使用方便性"是1的（最方便取用的）收纳空间中，即尽量把"使用频繁度"是1～5的物品类别配对到"使用方便性"是1～5的收纳空间中。这样不但能使办公区的物品取用最高效，看起来井井有条，而且能让以后在物归原位时或在维持整齐的收纳效果时变得简单、方便。

这个合理配对的过程需要花费一些工夫，并且有时候一些物品类别的"使用频繁度"并不容易判断，需要好好思考一番。还有就是，有些类别的物品，数量或体积比较大，不太容易存放到最适合它的配对收纳空间中，需要做个别处理；而有些类别的物品，数量特别少或体积比较小，这时你需要把几个类别的物品放到同一个收纳空间里，如放到一个抽屉里。这些都是在做规划时应事先想好的，不能等到实际摆放时才发现这些问题。

【**实践练习**】请你依照以上步骤，将办公区里所有的物品类别，根据它的"使用频繁度"，以及收纳空间的"使用方便性"进行合理配对。

物品归位

在物品类别和收纳空间的配对确定之后，就可以把所有物品摆放到对应的收纳空间了。如果物品数量多，可能需要多花些时间与体力。但当你把满地杂乱的物品全部置入最恰当的收纳空间之后，相信你一定有种如释重负的感受！

【实践练习】请你依照以上步骤，将办公区里所有的物品类别归位到对应的收纳空间，并贴上标签。

制作索引对照表

为了之后能很容易地找到收纳的物品，最好是把制订出的物品类别和收纳空间配对表，即一张索引对照表放在距离你最近的一个抽屉里，在需要寻找物品的时候，可以对照这张索引对照表很快找到，还可以帮助你将全新的或使用完的物件归回原处。

下面给出我自己办公区的索引对照表，以方便大家参考。

收纳空间	使用方便性	使用频繁度	物品类别
抽屉1	1	1	文具类；最常用物品
办公桌面（近）	1	1	小摆设
办公桌面（中）	1	1	桌面音箱；文件收发架
抽屉2	2	2	手机相关类；电子产品类
抽屉3	2	2	能量食品类；面巾纸

（续表）

收纳空间	使用方便性	使用频繁度	物品类别
桌下空间	2	2	背包
抽屉4	3	3	名片相关类
抽屉5	3	3	财务票据类
柜1	4	4	调研文件
柜2	4	4	客户数据
柜3	4	4	电脑用品类；备份硬盘
书架1	5	5	奖章、奖状、展示品
书架2	5	5	外文图书
书架3	5	5	经营类图书
书架4	5	5	其他类图书

【实践练习】请完善你的索引对照表。

摆放整齐

最后，我们将每个收纳空间里的物品摆放整齐。在摆放的时候，最好利用一些小格子将一些小物品分开。你也可以找些回收的纸盒，将其改造成小的收纳盒，再用胶带加固即可。经过改造后的收纳盒不仅好用，还很环保！

【实践练习】请将每个收纳空间的物品摆放整齐，需要的话，可使用一些回收的纸盒作为收纳盒。请开始！

恭喜你执行完了收纳的流程！现在是坐下来喝杯饮料，好好欣赏一下收纳成果的时刻了。

 阶段五：维持收纳成果

到这里，一个高效的办公区收纳管理终于大功告成了！之后你还需要在每天、每季度、每年度对其进行定期清理和调整，以此来维持收纳的成果。因此我给你如下几个建议。

- √ 每天最好在下班前或比较空闲的几分钟，把办公区内所有的东西归于原位，让你的办公区保持整齐、干净。
- √ 在周末离开办公室之前，最好把桌面上所有的物品收好，再神清气爽地过周末！
- √ 每三个月检查一次收纳空间和物品类别的配对情况，看看有哪些地方需要调整。
- √ 每到年末的时候，就像家里做年度大扫除一样，也应该做一次办公区的年度大扫除，清除不必要、用不到的文件和物品。

【实践练习】请列出哪些时间会做收纳维持成果的整理工作，最好有个规律，将日期和时间列出来。

 【总结与行动】请拿出自己的记事本，用自己的话语做个心得总结，并写下至少第一步的行动。

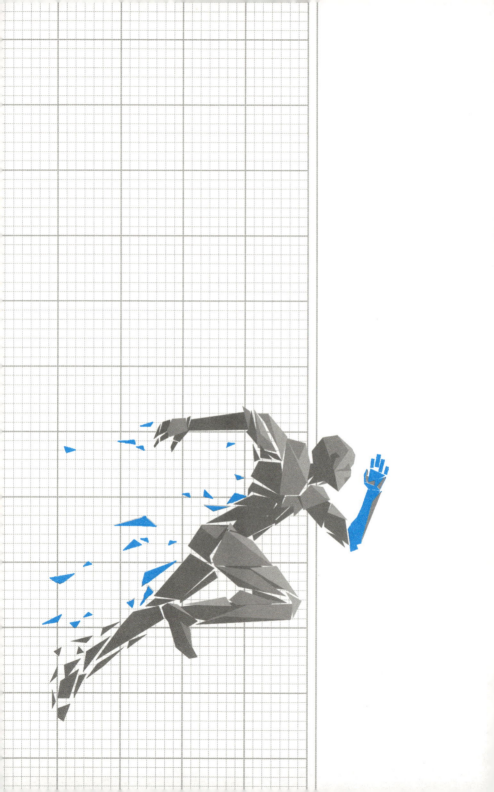

第十一章

精神力量是激活你的强大动力

01

乐在工作？让热爱成为你
高效的动力

　　若工作是乐趣，那么生活就成为一种享受；若工作是义务，那么生活就成为一种负累。

　√　王先生从小就喜欢搞技术，是一家企业技术部门的资深工程师。这几年他完成了好几个重要的项目，因为他带给企业的贡献，让他备受同事尊崇，很快就晋升为技术部门的经理。他当时跟我分享这个好消息的时候，我向他表示祝贺，他告诉我说他根本没有想过这么快就被晋升，升职、加薪固然让他很开心，但最让他感到快乐的是每天能够"玩"他最喜欢的产品，以及接触到他喜爱又熟悉的技术工作，所以即使工作繁忙到经常加班也不觉得累。王先生很热爱他的工作。

　√　李先生是一家外企的销售经理，业绩压力非常大。在多年前我给他做辅导的时候，我发现他虽然工作非常辛苦，但总是斗志旺盛。我问他

是如何做到的，他很坦率地答复："因为我有我的计划。虽然我觉得
这份工作的各方面条件还算可以，但我知道这不是我最爱做的，也不
会是我个人事业的终点站，不过它目前对我而言很有意义，因为我的
计划是在 3～5 年的时间内自己创业，现在我需要完成经验以及原
始资金的积累。而这份工作可以让我获得这些，就算将来创业不成，
我个人的职场价值肯定也会提高不少。"李先生正在做的事情对他有
意义。

✓ 钱小姐是之前我所在部门的一名员工，因下班后要和朋友看 19:30 的
电影，所以对于当天交付给她的许多任务，她好像上了发条似的，处
理得又快又好！钱小姐既热爱生活，又热爱工作。

在以上三个小故事中，王先生因为热爱他的工作，所以陶醉其中；
李先生因为很清楚工作对他的意义，所以斗志旺盛；钱小姐因为想尽快
下班，所以享受生活的激情给她注入了强心剂。我们每个人拼搏的动力
都来自内心的一个"理由"，也就是"为什么"。

请注意：对你而言越有意义的理由，就越能给你坚持的动力。这些
工作拼搏的理由或对于事业的激情，都是我们能够乐在工作或在艰难时
刻持续推动我们的强大动力，也是让我们持续高效又快乐的精神力量。
如果掌握了这种乐在工作的精神力量，就能拥有成功和快乐的钥匙，这
比成功但不快乐好太多了，更不用说那些既不快乐又不成功的情况！

精神或心灵的力量是无比巨大的。假设有两个人都学会了一样的高
效工作方法，那个自愿主动、充满激情地想把工作做好的人，会比那个

被动、不甘愿的人做得更快、更好、更高效，也更持久。所以我认为：

乐在工作的精神力量是实现高效的强大且持久的动力！

　　学习个人高效的目的，不是为了让你每天做更多的事情，而是让你每天乐在工作、认真享受生活，同时获得更高的成就，也就是：让每天的工作成为一种乐趣，找出工作的激情，把它转化为每一天的动力，从而推动你快速、高品质地完成工作，以及推进事业的发展，获得更大的成就感和满足感，与此同时，还能获得更多可自由支配的时间和财富，以便安排做自己喜欢的事，让每天都能享受生活。

　　若要高效，必须具备乐在工作的精神力量，你要怎么启动这种源源不绝的动力呢？最先要做的是爱你所做的工作或做你所爱的工作。

02

爱你所做的、做你所爱的工作 /

每周一早上的闹钟一响，你会不会迫不及待地跳下床大喊一声："太棒啦！我要上班啦！还有好多、好玩的事等着我呢！"还是说，闹钟一响，你赶紧把它关掉，能再多睡一会儿就多睡一会儿，心想："真讨厌，又要上班了！"你属于哪一种？如果你还没有前一种迫不及待想要上班的感觉，就说明你还没有达到乐在工作的程度，你需要赶紧调整自己的惯性思维！你可能会想，这真的好难做到！我可没说这很容易做到，但问题是：你是否想拥有每天充满这般快乐的动力？如果你已经在做热爱的事业或工作了，那我要恭喜你。当然，你还是可以通过接下来我要分享的方法深挖工作对你的意义，从而让你的受益更大。

工作对你来说，到底有什么意义？国外有位作家说："每天早晨起床后，我都要从头到尾看一遍富豪排行榜，如果上面没有我的名字，我就还是要工作的。"挺幽默对不对？但是这句话反映了现代社会的一个事实：除非你一出生就家财万贯，否则想要维持或追求理想的生活质量就必须工作；如果还想拥有充足的财富，就更要在激烈的竞争中脱颖而出了。当然，财富绝对不是我们在工作中追求的唯一目标，钱也不是万能的，甚至有人说"钱越多，烦恼也越多"，但是钱多一些，你就能够以更潇洒的姿态解决烦恼的事，还是挺好的，同意吗？

既然都要工作，那么你可以选择每天愁眉苦脸，也可以选择更加热爱所做的工作，让每天的工作充满激情与快乐，还可以换一份真正热爱的理想工作，后两者都可以让你既成功又快乐。最怕你犹豫不决，每天只对正在从事的工作怨天尤人，事情能拖就拖。不光自己天天不开心，而且最终一事无成，虚度此生。

对于这样一个人生的关键选择题，你选好了吗？

√ **选择一：** 做你所爱的工作，也就是找到你真正热爱的工作、事业，哪怕不是太赚钱，但行行出状元，只要你真心热爱，总会有更大的机会做出好成绩的。

√ **选择二：** 爱你所做的工作。其实现在的工作不见得是不好的，很可能是你还没有从中找出对你而言的意义和乐趣，你需要做的不是转行、换工作，而是再用力一点寻找意义和乐趣。

不论你做出哪种选择，甚至完全不知道该怎么选，我都请你多给自己一点耐心做完接下来的实践练习，以便帮助自己厘清思绪、找出乐在工作的动力。

🚀 选择一：做你所爱的工作

比尔·盖茨从小就喜欢摆弄电脑。13 岁时就戴着他的黑框大眼镜每天编写计算机程序，并从中盈利。盖茨一开始就有个梦想："每个家庭都有一台个人电脑，里面运行的都是我编写的软件。"他还表示："能让我感兴趣的不是赚钱，如果必须在我的工作和更多财富之间作选择，我会选择工作！若能够领导许多聪明能干的人，这要比在银行里拥有许多钱更令人激动……每天早上醒来，一想到我的工作和由我开发的技术会给人类生活带来巨大影响和变化，我就会感到无比兴奋与激动。"

你不要认为他是在成为了世界首富后才说出这些貌似很有理想和情怀的话语。刚好相反，在积累巨大财富的同时还能感到幸福的人，都需要先具备点理想和情怀才行。只是大多数人的视线焦点没在这儿罢了。

你有没有发现，盖茨不是在"工作"，而是在每天"享受着他的兴趣与梦想"。他是"做你所爱的工作"这个选项最典型的代表。这样做的结果是：他在不自觉的"快乐享受"下成为了世界首富！他曾经表示，每天做自己最喜欢的事，这让他觉得自己是世界上最幸福的人。

相反，如果只是以赚钱为工作的唯一目的，而不是喜爱自己所做的工作，那么很容易在追逐一段时间利益后就因空虚而感到疲倦，还不见得能达到赚钱的目的。

请注意：若想同时拥有财富与幸福，就不要只追求财富，而要勇于追求你的理想和情怀，做到"专精"，并享受酸甜苦辣的过程，那时财

富自来。你已经找到所爱的事业、工作了吗？如果还没有，可以用以下这些问题帮助自己找出热爱的工作方向。不过这有个先决条件：请你对自己完全坦诚！答应我，好吗？请你在下面的空行里，或在你的记事本上，一条条写下你的答案。

√ **第1题**：你从小有什么梦想？想想看，你小时候曾经有过什么梦想？请将它写下来。更重要的是，请继续写下你想实现这个梦想更深一层的原因。比如，小时候你就想成为一名老师，是因为你喜欢帮助其他人学习、成长。这种能帮助到其他人的感觉很棒。

√ **第2题**：你在跟其他人谈到哪些话题时，会变得喋喋不休、异常激动甚至于说个不停？再来分析一下出现这一现象的原因。比如，你平时话不太多，但每当聊到电影，尤其是很有积极意义的电影时，你就感觉特别兴奋，能够如数家珍地把历年来的好片讲出来，还能绘声绘色地描述出电影的主要情节。这一现象的产生原因很可能是你喜欢这种积极的人生态度，还有因与人分享、启发人而获得的喜悦感，这就表示你喜欢启发人、帮助人，甚至教导人……

√ **第3题**：你从小经常被父母和长辈夸奖的地方是什么？并且分析一下背后的原因。比如，父母经常表扬你特别会照顾人。这背后的原因很可能是你喜欢带领别人，有领导者的潜质……

√ **第4题**：你会很羡慕谁或很钦佩谁吗？包括你认识、知道的人，或世界上有名的人物，并分析一下你羡慕或钦佩他的原因。比如，你很钦佩乔布斯，因为他的创新和执着改变了整个手机行业、音乐行业，你还欣赏他站在台上演讲时的风范，这些都是你也想具备的能力。

✓ 第 5 题：在生活或工作中，什么事是你特别不喜欢做的？什么事是你非常喜欢的、可以长时间处理也不会觉得太累的？比如，你特别不喜欢做和数字相关的工作，特别喜欢跟人打交道，尤其是向别人介绍产品，在做这些事时你感到很愉快，也不会觉得太累。

✓ 第 6 题：你有什么地方或在哪个领域比别人更强？比如，你特别擅长解决电脑中的各种问题，虽然你不是 IT 软硬件技术人员，但公司同事在有这方面的问题时总会跑来向你求救。

✓ 第 7 题：如果让你在 5 年之后创业，先不考虑是否可行，会不会赚钱，也不管你有没有足够的积累，你会选择做什么？这个部分，需要你自己好好想想。

✓ 第 8 题：现在请你尝试着不给自己设限，写下自己最热爱的工作、事业或行业，以及哪些性质、类型的工作。这对你来说有可能是一个新的领域，也有可能就是目前正在做的工作，或公司其他岗位的工作。

🚀 选择二：爱你所做的工作

英国前首相丘吉尔说："光想着能做你喜欢的事是没用的，你必须喜欢你所做的事。"这有点像古代的婚姻，很多夫妻都是靠媒人撮合的。夫妻双方在结婚之前完全不了解对方，靠的就是婚后逐渐培育感情，最终还是成就了许多的良缘。

虽然我不赞成你盲目找一份工作，但是一旦你加入了某一家企业、就职了某一岗位，不论是不是冥冥之中的缘分，如果你还没把现有的工作"做透了"，也就是尚未做到小有成就就开始诸多抱怨、想离开，那么问题大多不是出在企业或老板身上，更有可能出在自己身上。若不信的话，你可以试试看：如果在离职之后到了新的公司，发现新公司也有你之前不满、抱怨的地方，那么，最有可能的情况是问题出在自己身上，你带着自己的问题到了新地方而已。此时最好的办法不是离职，而是立即解决自身的问题，否则只会继续带着问题前行。

更加爱你所做的工作，可以让你每天更快乐、更有激情，工作也更高效。若要做到这一点，你必须找出工作对你的意义和乐趣。现在让我带着你，通过一系列的问题了解你内心的想法，找出工作带给你的乐趣和意义。

√ 第 1 步：写出你所在企业的愿景和使命。这在企业的网站、公司介绍等地方应该都有。如果找不到，或者企业没有明确的愿景和使命，你也可以依据"我们企业能带给社会、客户哪些有意义的产品与服务"的思路自己总结。

√ 第 2 步：写出在企业的愿景和使命中你非常认同的语句，这其实就是你和企业有交集的"共同愿景和使命"。

√ 第 3 步：想想看，在你退休之时，你会因为实现了哪些愿望让你觉得此生无憾？也就是说，你在事业上有哪些特别的愿望想实现？

√ 第 4 步：在 5 ～ 10 年之后，你希望获得什么样的生活？包括精神上的、物质上的，以及居住的环境会是怎样的。

✓ 第 5 步：在 5～10 年之后，你希望在事业上取得哪些成就？

✓ 第 6 步：若要达到以上这些目标，你现在必须在工作中做到什么？

✓ 第 7 步：想想看，你可以帮助你的客户做些什么，以便让他们的工作做得更好或生活得更好？

✓ 第 8 步：你可以帮助你的直属上司做些什么，以便协助他，令他的工作做得更好？

✓ 第 9 步：你可以帮助你的同事做些什么，以便让他们的工作做得更好？

✓ 第 10 步：如果你有下属，那么你可以帮助他们做些什么，以便让他们的工作做得更好？

✓ 第 11 步：你可以给社会做些什么贡献，以便让这个社会变得更好？

✓ 第 12 步：在工作中，哪些是你觉得没意义但又非做不可的工作事项？

✓ 第 13 步：这些非做不可的工作事项可以帮到哪些人？可以帮助企业实现什么目标？请试着找出那些你认为没有意义的工作事项的真正意义。

✓ 第 14 步：请你把第 3 步～第 13 步的内容重新整理成一小段话，并且特别强调在第 2 步中你非常认同的语句。

你刚刚在第 14 步中写出的内容，就是你的工作意义，就算你现在正在做的事并不是你非常热爱的，如果你能很清楚地看到工作的意义，就会帮你化解许多工作中莫名的烦躁，从而逐渐让你越来越喜欢自己的工作。

为了达到这样的效果，你可以进行如下操作。

√ 每天看到工作的意义。请你把找出的工作意义写在一张白纸或便利贴上，并在最上面一行写上"我爱我的工作"几个大字，害羞的话也可以用英文或其他语言来写。不用不好意思，这样做会让你时时看到工作的意义。如果有同事看到了笑话你，请不要退却，也

不要把纸条拿掉，坚持下去，久而久之你将会赢得企业内所有人的尊敬，而你也会更加热爱你的工作。这样做还有一个作用，即当你在工作中情绪比较低落或迷失方向时，你再回头看看这些要点，以获得继续奋斗的力量！

√ 多做几次练习，更深层了解自己。你可能一时找不出自己工作的意义，这个时候，先不要急着放弃现有的工作，因为换工作的代价是很大的，尤其是在你不完全了解自己的情况下。你应该再次好好思考，多做这个练习，多给自己一点时间和耐心，慢慢地你就会找出工作的意义了！

√ 通过进修提升自己。如果你在做完了以上两个"爱你所做的工作，做你所爱的工作"练习后，虽然找出了自己工作的意义，但还是觉得目前工作的意义不够大、激情动力不足，并且一时间没有找出自己所爱的事业，跳槽也没有目标……面对这种情况，我建议你暂时不要急着做

出激烈的改变，最好先安心工作，并利用这段时间，每天至少抽出一小时的时间多提升自己，你需要更多的启发以及时间的沉淀，才能找到属于自己的路。请坚持下去，直到找出自己的人生方向。

√ 在全都试过后再考虑调整工作。如果你在做完了上面的全部练习后，还是无法从现在的工作中找到任何意义，甚至恨透了你的工作，那么，何必浪费自己的时间和生命，以及公司的时间和金钱呢？这对你们双方都不公平，快寻找你真正热爱的事业吧！

有些人活了一辈子都活不明白，原因是不清楚自己想要什么、适合干什么，就糊里糊涂地过了一生。如果这只影响到他自己也就罢了，不幸的是，还会拖累爱他的所有人！所以，我希望你能尽早做好这些练习，并多做几次，因为在每次做练习时都会有新的发现和待修正之处，直到你完全清楚自己想要的。因为：**我们来到这人世间，不要让任何人来劝你、哄你、督促你，我们其实只为一个人负责——你自己！把自己做好，不要成为别人的负担，就已经很棒了！**

这一章，看似简单，但背后蕴藏的道理很深，希望你能从中挖掘出对你意义重大的金矿！

【**总结与行动**】请拿出自己的记事本，用自己的话语做个心得总结，并写下至少第一步的行动。

第十二章

如何精力充沛、年轻十岁

01

只有精力充沛才能拥有精彩人生

你遇到过以下这些情况吗？

√ 即将开始做重要的事了，但自己的思绪到处飞，智商"不在线"，浪费了好多时间，最终一事无成。

√ 在阅读一本书时，视线一直停留在同一页上，老半天都没看进去。

√ 午饭后的 1～2 小时都在犯困，没精神。

√ 才工作或学习了一会儿就困得不行了。

√ 在同团队伙伴一起做头脑风暴时大脑里一片空白。

√ 时常会觉得身心俱疲，对什么都提不起兴趣，甚至感觉情绪低落。

√ 身体状况不太好，脸色暗沉或灰白。

如果以上所述情况大多与你相符，那你就属于精力状态不佳的人了。你认为这会不会影响你的工作效率或工作表现？想不想知道，为什么有的人能在 8 小时甚至更短的工作时间内，达成别人 12～15 小时的产出量？

并且在忙碌的状态下，还神采飞扬、精神奕奕？

其实，"时间管理"最大的秘密根本不在"时间"上！因为，你无法获得更多的时间，我们每个人的一天都只有 24 小时，你只能想办法获得更好的精力状态。也就是说，当我们提到"时间管理"或高效时，其实我们想获得的是：希望在同样的时间内将回报最大化，并且将身心的压力和损耗最小化。因此，在时间管理或高效管理背后的最大秘诀是：做好精力管理，最大化我们每天的动力！**请注意：获得高效表现的关键是能否做到精力充沛和极度专注，与时间管理无关。**

但我发现，精力管理是一门非常专业的学问，像"人类的身心使用手册"般复杂深奥。事实上，精力管理的好坏，不仅能左右你的高效能力、事业表现，甚至与你的整个人生能否过得丰富而精彩，有着直接关系。

如果你拥有一辆昂贵的轿车，我猜你一定会好好爱惜它，除了为它提供优质的汽油或原装高质量的电池组以外，其他的次品你肯定不会用，还会定期进行维修、保养，包括车里的发动机、管线、仪表等，以确保能够维持它的优越性能和外观。可惜且令人惊讶的是，我们最宝贵的个人资产、在事业和职场中拼搏的本钱——我们的身体（硬件），以及大脑和心理（软件）却得不到应有的爱惜和关注。

并且，以高效的立场来看，我们最关键的生产机器，不是外面的设备和工具，而是分别代表硬件、软件的身体和心理！你是否精力充沛，决定着工作高效表现的好坏，是之后一系列变数之前的那个起点。

之前提到过高效的一个大原则："在每天精力状态最好的时间段做

当天最重要的事项"。如果每天精力状态最好的时间段比较长，而且精力特别旺盛，那么你做什么事都会是专注且充满斗志、无往不利的！如果你的精力状态不够好，甚至时常生病、精神难以集中，比如，时常感冒生病、头痛头晕犯困，那你在工作中怎么可能会有很好的表现？至于事业有成，更是天方夜谭！

对于一家专注于生产制造的工厂，若想不断地高速产出高品质的商品，就必须确保生产的机器设备运转正常。想要做到这一点，机器设备必须定期进行维护、保养，所以开工厂的人都很清楚，机器设备是工厂宝贵的资产，爱惜、保养机器设备是极其重要的。同样的道理，你的身体是你至少要用上几十年的唯一工具，可惜大多数人并不珍惜它：平时乱吃不健康的食物；让自己的身体超负荷工作；长期熬夜；因过度早起造成睡眠不足；完全忽略健康的重要性，在应该通过健身保养"机器设备"的时候，又百般找借口偷懒。

如果工厂的机器设备因未做好保养而损坏，尚且可以购置新的，那我们的身体呢？现代科技可还没有发展到可随意更换身体部位的程度！就算是部分器官可以更换，但危险度极高，生命的延长程度有限，之后的问题也多。我们拼搏的唯一本钱——身体，只有一个。若没有了健康，就算你赢得全世界，最终一切都会变成空。所以：**只有维护好我们身体与心理的健康，才算是保护好了个人最宝贵的财产。**

02

精力管理的正确认知 /

 **提升精力与改善健康状况的方法必须是真正有效的，但辨别难度高**

　　现在信息泛滥，健康养生的方法随处可见、五花八门，甚至有不少培训课都在教授健康养生类的内容。近 20 多年来，我到国内外到处学习并不断尝试，我的心得是：很可惜，大部分健康养生的方法是无效的，甚至是误导人的。事实上只有很少一部分方法是有效的，而精力管理的有效方法更是少之又少。随着科学研究的进步，每一年又会有新的方法出现，再加上营销推广、包装，以及各种"忽悠"的能力提高了，更加大了我们选择和辨别的难度。

精力管理的方法必须是简单可行的

光是精力管理的方法对了还不够，因为如果该方法很复杂或很难坚持，也几乎等同于无效，所以，该方法必须是简单可行的。因为我们可不希望因为方法的复杂、烦琐而让每天变得更辛苦。

很难仅靠意志力去坚持，要改变的是惯性思维

若想做好个人的精力管理，很难要求一个人仅靠意志力就能长久地坚持，而应改变一个人的思维惯性。正如在你知道黄金年华只剩下几千天后，不再需要别人来激励你，你就开始变得更加珍惜时间、更高效一样，如果在执行一些精力管理的方法后，每次都会让你感到很愉快，或让你看起来更加光鲜亮丽，那么你自然会坚持下去。所以，想要做好精力管理的最好方法是改变自己的惯性思维，包括做精力管理的理由、对于生活习惯的认知、饮食的观念、运动健身的目的、科学睡眠的正确观念等。

想要精力充沛，就要先全方位"照顾好"自己的健康状态

我相信这个道理你也知道，但关键是想要达到精力充沛的程度，单靠一种方法是做不到的，必须全方位地兼顾到至少这些：

√ 均衡抗压的健康饮食。

√ 简单可行的快乐健身计划。

√ 有助于恢复精力的优质睡眠。

√ 有助于恢复元气的压力管理……

在提升工作效率的同时，也需要通过提升精力来配合更快速的工作节奏。这样才能让你时刻保持精力充沛、耐力持久，以积极、乐观的心态和超强的体力应对繁忙的工作，在日理万机之余还能寻求工作、生活的平衡和品质。你要知道：只有拥有健康且充满精力的身心，才能获得美好的未来，才能享受人生。

03

均衡抗压的健康饮食 /

食物是我们身体的燃料，是维持身体机能正常运转、补充身体能量、补充精力的重要来源。食物会影响我们身心的各个方面：精力、情绪、抗压性、思考能力、睡眠，以及整体的健康状况，进而大大影响我们的工作表现与效率，所以我们说："What you eat is what you get（你吃什么就会得到什么）。"经常吃健康食品的好处很多，它能让你：

√ 生命力旺盛，精力充沛。

√ 舒缓紧张情绪与压力，抗压性强。

√ 头脑清醒，思路敏捷，注意力集中。

√ 让你更放松、更快乐！

健康饮食是一门大学问，若想深入探讨需要花费较长的时间来学习许多饮食科学的理论，如果你对这方面的研究很有兴趣且有时间，可以好好地钻研一下。但对于工作繁忙的大多数人而言，我在这里直接为你列出和精力管理有关且有效、可以立即采用的健康饮食建议。

 健康早餐

早餐是在我们一整天的饮食当中，影响我们健康、精力状态最大的一餐，也是很多人最为忽视或随意的一餐了。为什么会这样呢？或许每一位不太吃早餐或随便吃早餐的人都有一套自己的理由。但不太重视健康早餐的更深层原因通常是：认知不够，即没有正确的惯性思维。

我整理了一些健康早餐的相关信息，以便补足我们认知欠缺的部分。

新陈代谢率反映出我们的精力状态

人为什么在上了年纪之后，越来越容易感到疲累，且一整天都无精打采的？其中一个主要原因是：我们在 25 岁时人体的基础代谢率就达到了巅峰，之后开始逐年下降。基础代谢率是指人体在静止时基础的生理运作所需消耗的最低能量，也可以视为维持我们身体各个部位的基本运作所需的能量。它约占我们每天热量消耗的 70%；10% 的能量是我们消化食物时所需消耗的热能；剩余 20% 的能量是日常身体活动所需消耗的热能。精力管理的主要目的是提升我们一整天的高效能力。而在早晨的时候，我们的基础代谢率是一天当中最低的，因为身体及大脑尚未"马力全开"，仅有一部分在运转。如果能在一大早尽快提升基础代谢率，也就能尽快使身体及大脑全效能运作了。

吃早餐可提升新陈代谢率与精力状态

以色列特拉维夫大学通过一项研究发现：如果我们在早上 9:30 之前吃早餐，就能提升新陈代谢率，并且减少患糖尿病的可能性，以及避免造成体脂过高的问题。这背后的原理如下。

√ 在我们吃了食物后，血液中的葡萄糖含量就会升高，其中的一部分可提供给身体的各个部位作为能量。而对于多出来的部分，大脑就会通过分泌胰岛素的方式把血糖转化为糖原，并储藏到肝脏和肌肉中，以备运动和饥饿时再分解糖原，从而产生所需的能量。

√ 人类演变到今日，已经逐渐形成了"早、中、晚"的三餐规律。如果按时吃饭，胰岛素会按时在饭后适度分泌，以便完成储藏多余血糖的任务。在早晨时，我们的血糖浓度偏低，全身的机能处于"待机"状态，也就是处于基础代谢率较低的时候。如果此时不吃早餐，由于已有的生物钟规律，胰岛素仍会按时分泌，转化掉本就偏低的血糖含量，从而造成低血糖现象。

√ 更严重的问题是，大脑在发现了低血糖现象后，就会发出指令，以便清除"过多的"胰岛素，从而造成内分泌系统错乱。之后再进食时，比如，没吃早餐，到了中午才吃，这时胰岛素因为之前被"很粗鲁地清除"过，所以"抗拒"再次分泌足够多的胰岛素，就造成了血糖过高。这样反复的内分泌紊乱现象会令患糖尿病的风险大增。

√ 如果我们不吃早餐、血糖过低，大脑还会发出一个信号，认为我们正处于"饥荒期"。当下一顿吃到食物时，就会尽量多地储存起来（大多成为脂肪），以备度过"饥荒期"。并且，大脑还会通知各个器官要减少消耗，也就是会进一步降低基础代谢率。结果是：脂肪含量增加（变胖），以及基础代谢率的整体水平降低（身体运作机能降低，精力状态下降）。

所以，为了健康，为了精力充沛，无论早上多么匆忙，都一定要在9:30之前吃早餐！

但需要强调的是：要吃健康的早餐。如果吃下太过油腻的、太甜的、蛋白质含量太高的、油炸类的不健康早餐，反而会给身体带来更多的负担与坏处。我个人比较推荐的健康早餐包括以下这些。

- √ 燕麦、谷物、五谷杂粮粥。
- √ 新鲜果汁、低糖豆浆。
- √ 全麦面包、土司、低糖果酱。
- √ 水果。
- √ 蛋白质类的食物，比如鸡蛋。

健康早餐的好处很多，包括：全方位改善你的健康状况；让你的精神状态保持清醒和敏锐；有助于你控制情绪，让你在一天的开始就有个愉快的心情；有助于增强记忆力；帮你控制体重，当然，你需要吃健康的早餐，并配合运动锻炼才会取得这样的效果。

【实践练习】请列出你每天早晨的作息时间，以及健康早餐的选择、如何准备、何时开始准备。

快乐饮食秘方

怎样才能吃得健康是一门大学问，其中一个重要的原则是：多吃快乐抗压的食物和碱性食物，可以帮助你在工作中更有精神，并且耐力更持久。下面列举几种比较常见的快乐抗压食物。

- √ **香蕉**：香蕉含有生物碱，可以帮助你振奋精神和提高信心。它还含有泛酸等成分，泛酸是天然的开心激素，能减轻心理压力、解除忧郁、令人感觉快乐。

- √ **橙子、桔子、柠檬、葡萄柚等**：这类维生素 C 含量高的水果，不仅可以提高身体的抵抗力，还可补充身体因压力大而额外消耗的维生素 C。

- √ **南瓜**：南瓜富含维生素 B6 和铁，能高效地把身体储存的血糖转化成葡萄糖（葡萄糖是脑部唯一的"燃料"来源），从而为大脑提供源源不绝的燃料。南瓜包含 3 类胡萝卜素，这对预防心脏病、抗老化都十分有帮助。

- √ **菠菜**：医学证实若身体缺乏叶酸会导致抑郁症，而菠菜就富含叶酸。

- √ **全麦面包**：全谷类食物富含硒元素。微量矿物质硒能提振情绪。

- √ **含钙食品**：钙是天然的压力缓解剂，但是不建议你吃钙片，因为直接吃的效果一般，甚至容易造成结石。天然食物中的钙质更好，比如，深绿色的蔬菜、蛋类、豆类都含有丰富的钙质。

- √ **深海鱼**：哈佛大学的研究报告指出，深海鱼油中的 Omega-3 脂肪酸能增加血清素的分泌量。血清素的分泌与身体的快乐指数息息相关。

√ 樱桃：美国密西根大学的研究发现，吃 20 颗樱桃比吃止痛药阿司匹林的止痛效果更好，其主要原因是樱桃含有花青素。

这些只是部分的快乐抗压食物，因为光是"健康饮食"这一个话题，就足以编写成一本"巨著"了。对于精力管理而言，你只需要知道这样的大原则：天然、绿色的蔬菜，以及水果与谷物，都是大自然赠与我们延年益寿的好东西。

还有一点需要注意：少吃不健康的食品。因为这些食品会让你精力下降，并且精神难以集中、昏昏欲睡。你要尽量避免的食物有：腌制食品；油炸食品；加工食品；膨化食品；方便面；过多的肉类（尤其是在每天运动量不大的情况下）。

【实践练习】请调整自己的饮食习惯，并且增加快乐抗压类的食物。请将这一计划写出来。

04

简单可行的快乐健身计划

运动健身，对我们的健康状况的确会有明显的改善作用，但你不知道的是，不见得所有的运动对于精力状态都有提升的效果……只有部分的、正确的运动健身方式才会真的有帮助！比如，现在越来越普遍的慢跑对健康有帮助，但是，如果你慢跑的方法不对或跑得太快了，身体就会因产生大量的酸性代谢物质而毒害我们的细胞组织，并降低血液中的含氧量。若运动过于激烈，还会产生大量的自由基。自由基会夺去细胞蛋白分子中的电子，从而让细胞加速老化，甚至会因细胞畸变而致癌。所以，除非你很年轻、身体有足够多的本钱，否则我不推荐做过于剧烈的运动，如很激烈的球类运动。

马拉松这项运动具有很多优点，但也不能忽视它的缺点，尤其是竞赛式的"跑马"。当然，如果你跑得很慢，还是很好的。但因马拉松的规则会计算个人最佳成绩，所以"跑马"的人会在不知不觉间求快，这就造成虽然通过每次的锻炼获得了运动健身的好处，也的确增加了肺活量，但会产生一种你不见得能够察觉到的伤害。最严重的情况可能会发生在"跑马"比赛当天，如有人不幸猝死。

我之所以不推荐做过于剧烈的运动，还有一个很重要的理由：在以"跑马"的方式锻炼后的好几小时里，普遍会有犯困的情况发生，并没有提升当天整体的精力状态。

因为我们的目标是提升工作当天整体的精力状态，所以我的看法跟大多数人的观点可能会有些不同。在此有一点需要特别声明：我不推荐竞赛式的"跑马"或过于剧烈的运动，这不代表我不支持运动。相反，为了达到精力充沛的目的，你一定要做些健身运动。如果你热爱比较剧烈的运动，我建议你在健身之后，尽快喝大量温水或碱性饮料来中和身体里的酸性代谢物质。我推荐以下两种属于"提升精力状态"类型的运动。

√ 增氧类的运动：第一种是非常平缓的呼吸式运动，比如，瑜伽、太极或我特别推荐的一种独特的慢跑法。

√ 增肌类的运动：第二种是以增加肌肉含量为主要目的的锻炼方式，这是我唯一推荐的比较剧烈的运动。我们需要有足够的肌肉来更好地维持身体的机能。每次增肌锻炼的时间最好不要过长，一般来说30～60分钟为宜。

我不推荐过于激烈的球类运动，以及太过激烈的竞赛式"跑马"，这是我个人的观点，是我在做了各种尝试后，结合多年的经验总结出来的。我尊重并热爱"跑马"的人，他们能坚持下来已经是一种超越一般人的成就，也尊重持有各种不同意见的人，并建议大家彼此尊重各自的想法，因为，人的思想本来就是多元化的，只有这样社会才会进步。还有就是咱们的黄金年华都太短了，没时间作辩论。

🚀 运动健身有助于提升效率

英国利兹大学锻炼与健康学教授吉姆·麦金纳的一项研究显示：在正确的运动过后当天的整体工作效率会提高 15%。同时，运动还可以改善一个人的情绪、提升抗压能力。

世界级运动教练吉姆·洛尔博士指出："针对 80 位经理人为期 9 个月的研究显示，那些定期运动的人和不运动的人相比，健康程度提高了22%，做复杂决策的能力也提高了 70% 之多！"

我们需要持续地运动，还有一个之前提到过的原因：基础代谢率的下降容易让我们工作一忙就觉得累、记忆力不如从前、身体开始发胖且不容易减肥，许多慢性疾病也会开始浮现。

持续、正确的运动是提升和维持较高基础代谢率的最好方法，也可延缓我们身体老化的速度，在与有效的呼吸法互相配合后，还能够提升身体的含氧量，促进全身机能的高效运作。

🚀 运动健身习惯的养成法

坚持运动健身容易做到吗？想要养成新的好习惯没我们想象得那么

容易，否则我们早就做到了。之前提到的好习惯养成法一样适用于健身，比如"再坚持十秒钟"原则就非常适用。

在新习惯养成之初，其操作方法一定要简单易行，千万不要复杂困难。比如，每天养成运动健身的好习惯很难，主要是因为每次要开始运动健身时，从准备到落实的各个环节都很复杂、耗时，尤其在要去健身房健身时，更是耗时，如果没有很强大的意志力，很难坚持到令这一行为成为新的习惯。所以，如果你现在还没有养成运动健身的习惯，最可行的方法是：将每次的运动健身方式调整为简单可行的方式。比如，每次回家或出差回酒店房间时先做 10 ~ 30 秒的简单运动：跪姿的俯卧撑 5 ~ 10 下；平板支撑 30 秒，这就够了。

这么轻量的运动一定没什么效果吧？不急，这个阶段的目的是培养出一个让你每天容易持续的"势头"。一旦"势头"的动能滚动起来了，就很容易再增加一点点。渐渐地，你的新习惯就养成了，并且能逐渐增加运动量到"足够"的程度。要不要试试看？

【**实践练习**】请列出你准备如何启动你的运动健身习惯，或调整你现有的习惯。

05

精力管理的进阶方法 /

精力管理的类别很多，光是核心的部分就已经五花八门了。它是一个全方位的系统。如果要拥有更旺盛的精力状态，还至少需要包括以下内容。

- √ **睡眠科学**：白天的精力状态与头脑灵活的程度、晚上睡眠的质量息息相关。同样的睡眠时间，不同的睡眠品质，其产生的差别非常大！睡眠能"清整"我们的大脑、修复身体、恢复身体机能。而我们的一生之中有近三分之一的时间是在睡觉中度过的。因此深入了解睡眠科学是非常重要的。

- √ **天然排毒法**：因为大多数人的身体里都积累了大量的毒素，这让我们的各个循环系统淤堵，或组织器官被酸化、毒化了。这时的健康情况怎么可能会好？精力状态当然会差了。唯有先排毒，才能更好地运转身体机能以及吸收养分。但我们又不能随随便便乱排毒，因为很有可能会产生损耗身体元气的副作用，不得不慎之。

✓ **慢速燃脂慢跑法**：慢跑是一种最自然也最方便的运动健身方法，但我特别不爱慢跑，尝试了几年都没喜欢上，直到我从国外学到了这种慢速燃脂的独特慢跑法，我才彻底爱上了它：不仅跑完不会累，反而会觉得精力旺盛、心情愉悦。

✓ **增肌的高效锻炼法**：当我们的肌肉含量增加后，新陈代谢率也会提升，从而让人精力充沛。增肌后还有附带的好处：会让男人身形健硕、更具魅力；让女人身形匀称好看、充满青春活力。

✓ **身心灵压力管理**：工作与生活中的各种压力在所难免，若不理会就会成为百病之源。如何掌握能随时化解身心压力的技巧，这需要懂得压力管理的方方面面，包括一些关键的心理学、减压技巧、冥想静坐法、呼吸吐纳法等。

除以上列举的内容外，还有很多，例如，养生法、拉伸能量疏通法、随时补充能量法、自我简便理疗法等，也能帮助我们拥有旺盛的精力。

【**总结与行动**】请拿出自己的记事本，用自己的话语做个心得总结，并写下至少第一步的行动。

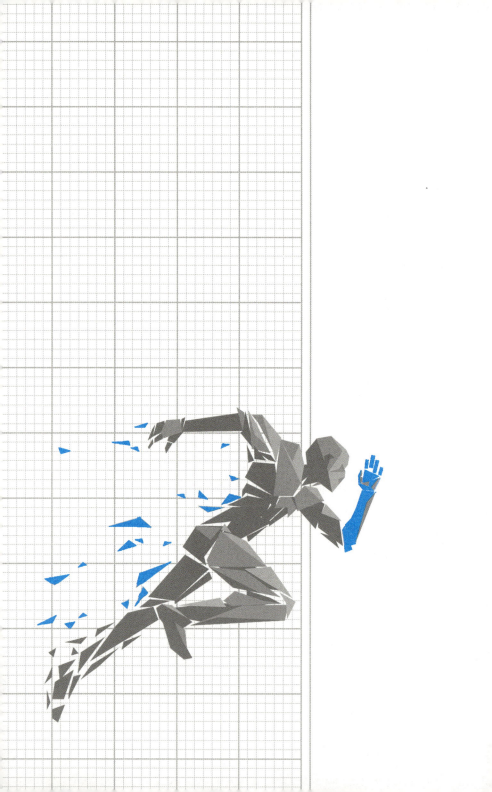

第十三章

永续成长、精进，活出生命的意义

01

永续成长的重要性 /

至此，我们已经学习了"一轮"有关高效领域的核心知识。现在，让我们回到起点，重新思考这个最重要的问题：我们为什么要学习高效，以及接下来我们该做什么、怎么做？

下面将把你带到一万尺的高空来鸟瞰一下整个人类发展的大环境、大趋势，以便帮助我们看清自己所处的位置。在人类的进化过程中，我们所知的"农耕时代"大约持续了 10 000 年；之后演变到"工业革命时代"（不要以为距今已经很久远了，其实不过才 200 多年）；再演变到"后工业时代""信息化时代"，距今只有短短的几十年；再演变到现在的"互联网时代""人工智能、大数据时代"……时间就更短了。

你有没有发现，每个时代的演变速度都在不断加快，而对于人类的冲击也在不断加大。比如，在 10 年前，你无法想象今天的我们是怎样使用智能手机的，这是因为有个发展趋势是大多数人看不到的：原本我们以为人类历史的演进是线性的，也就是逐步演进的，其实并不是，我们的发展和演变，包括生活环境、商业环境、科技演进，都是指数式的。之前因为还没有到达拐点，所以千百年来，我们以为是线性的而已。而现在很多迹象都显示，我们所处的环境正处于"加速的拐点"上。

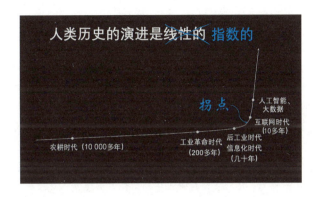

这对我们有什么影响吗？比如，包括斯蒂芬·威廉·霍金在内的不少世界级的专家，都在强调人工智能和大数据的重要性。这些高科技的加速成熟会对人类产生巨大的影响。例如：

√ 生产力结构发生巨大变化：很多人的工作将会被人工智能取代，包括工厂里面的工人，以及餐厅、银行里的服务人员……

√ 行业的解构与重新整合：企业跟企业之间的竞争会不断加快、加剧，还会发生跨行竞争甚至绞杀的现象。比如，淘宝、京东等冲击了全国的百货和零售店铺的市场……类似的情况正在各行各业发生。

√ 人与人的竞争加剧，贫富差距加大：这些快速发展的现象造成了人和人之间的竞争在加快、加剧，贫富差距也会加大，也许在半年、一年内还看不出来，但是在几年、十几年后这一趋势就会变得很明显！

此时我们该做些什么呢？是不是应该加快学习、成长的速度，让我们在人与人的竞争中胜出；在企业与企业之间的竞争、行业与行业之间的竞争，乃至国家和国家之间的竞争中胜出？至少我们要提升自己的竞争力，让自己和家人生活得更好，你说是不是？

所以，我们应该通过提升哪些方面的能力来提升整体的竞争力呢？我们每个人的时间、精力、能力都有限，我的建议是如下两个。

✓ **第一个要提升的是你的专业能力。** 无论是你创造产品的能力，还是企业经营的能力、创业成功的能力、岗位职责的专业能力……凡是要靠它在竞争中胜出的，你就必须做到比别人更加专业。只有这样你的胜算才会更大。这就是你需要持续不断提升的地方，而且基本上是无止境的。我甚至可以大胆预测：在将来十几年或几十年之后，要么我们会以"某个领域专家"的身份退休，要么会以失业的情况被迫提前退休。恐怕这不是危言耸听。

✓ **第二个要提升的是你的高效竞争力。** 无论你想做什么、学什么，都需要拥有更快、更好的结果，才能在竞争中胜出，所以每个人都需要夯实高效的根基。这是个人竞争力的核心。关于这一点，我要恭喜你，在学习了前面的章节后，你已经有了一个很好的开始，只要在高效这一领域继续精进，你就更容易在这个新的时代，拥有更多、更好的机会！

【实践练习】 请列出你应该提升的专业能力，以及准备如何继续加强你的高效竞争力？写下你的行动计划。

02

永续精进的实际做法

在竞争加剧的大环境下，为了自己和家人能有个更美好的人生，永续学习和精进是现代人的当务之急！具体应该怎么做呢？

🚀 明确梦想和目标

你必须先有一个很明确的梦想和目标，也就是你到底想要实现什么梦想。这会是你个人的"GPS 定位导航系统"。如果你还不清楚自己的梦想和目标是什么，就一定要尽早挖掘出来。

🚀 有强大的理由

你必须拥有很强大的理由，即为什么你要实现这些梦想。这会是你不断精进的动力。请你记住："越有意义的理由，就越能给你坚持的动力"。

以持续学习作为生活的重心

你必须把主动且持续地学习变成从今往后生活的重心。为什么呢？你要知道，在当下你最主要的竞争对手不是马云、任正非这些已经功成名就的成功人士，而是一大群已经"觉醒"的人，他们正以极快的学习速度不断地提升自己的竞争力，想要比你抢先一步获取接下来一波又一波的成功机会！

主动筛选、专业学习

过去，行业和市场的信息，以及专业信息的数量不像今天这么多、变化这么快，甚至整个世界的步调都比现在平缓。但今天已经完全不一样了：信息以指数的形式快速暴增，并且非常方便，打开手机就可以随时获取，所以你绝对不能被动地接受各种信息，因为里面的垃圾信息或者跟你不相关的信息太多，必须主动筛选最适合你的专业信息，让自己只专注在少量最有意义的内容上，只有这样你才有可能快速提升自己。

内化学习成果

不论我们在学习什么，以及通过什么方式学，都不能像在学校念书那样被动学习。你想想看：以前在学校听老师讲课时，虽然也抄写了不少笔记，但是如果在课堂结束时，让你把刚刚老师教授的内容讲一遍，你能讲出多少来？恐怕不多吧！你要改变这种填鸭式的被动学习法，将其改成把每个学到的内容先用自己的语言表达出来或写出来。在这个过程中，大脑的理解和记忆神经元就开始大量连接起来，而新学到的东西就成为你的思维了，即你的新惯性思维启动了。

慎选高标准盟友

我们都听过孟母三迁的故事，其实这也完全适用于现代的商业环境。什么意思呢？即我们想成为什么样的人，就要时常出现在这类人的圈子里，为什么呢？当我们想要提升自己，包括我们的能力、专业程度、对事情的判断力、正面积极且高效的惯性思维时，虽然我们会积极地学习、尝试，但因为我们都有惰性，在新的惯性思维和高效能力还没成形之前，我们会时不时地被自己的惰性打回原形。那该怎么办呢？我多年的经验是：**一个人能力和标准的高低，和他所处圈子的盟友的能力和标准高低成正比。所以，我们只有找对圈子、结对盟友，才能稳固地提升自己。**

善用人脉圈子资源

最好的学习巩固方式就是实际操作。如果能在一个高标准盟友的圈子里，善用集体的智慧和资源挖掘前沿的商机，或把所学应用在现有的事业上，并在实践中不断学习、成长，且能获得共同的利益，这种方式会是最好的永续成长和精进的途径。所以，领英（LinkedIn）的创始人瑞德·霍夫曼（Reid Hoffman）说："我们每一个人都需要人脉网络和优秀的导师。"因为这些都是帮助我们持续学习最高效的途径。

 掌握高效的学习法

学习本身也需要高效，也就是能在最短的时间内获得最大的收获。但有一点需要再次强调：不少人是"为了学习而学习"。也就是说，不少人知道应该多多学习，但不知道什么对自己重要；欠缺规划，没有方向，乱学一通。比如，明明是积累财富的速度太慢，却跑去学书法；事业经营得一片混乱，却跑去学与事业不相干的东西，到头来一事无成，这不是低效吗？现在直接学对你来说最需要的主题，筛选最有效的信息，花点时间先了解清楚自己，了解最适合的内容，之后再学。直接，就是捷径！

 反复学习的奥妙

反复学习最关键的专业内容，直到成为专家。因为当你第一次理解一个方法后，还没真正实践过，所以其实你还没掌握那个新学到的方法；当你开始实践并重复学习同样的内容时，很容易产生新的领悟，甚至会悟出一些更深层次的含义。这时候，你才真正往上提升了一步。这样的方式可以持续不断地应用，也就是每隔一段时间再重新学习一次，从而获得新的领悟和收获，并逐渐提升直至成为这个领域更高层次的专家。

【**实践练习**】请根据以上几个要点规划出学习精进的个人计划，并且写出时间表、目标、方式。

03

投资自己、多学习才是此生的最佳投资

"生命的意义是什么？我们存在的意义是什么？"这是我从十几岁开始就在不断思索的主题。此生我们"走"这一遭，不是在追求什么样的终点，终点是什么大家都知道，而是在活着的时候，感受每个当下的思维与体悟。或许这就是生命的意义吧！

新时代的人类，思维和科技都已达到一个新的境界。"我思故我在"已成为人类普世的基调。思维的进化激发了人文与科技的加速融合与创新。在这样的大时代下，唯有持续地吸收各种有意义的信息，在自己的脑海中产生碰撞，进而激荡出新的火花，再在现实中去具象化、去尝试、去突破、去感受、去复盘、去迭代改良、去积累智慧、去承受挫折、去成就喜悦……或许这才是活着应有的意义吧！

若想好好经历这一切，最好的办法就是多接触、多学习：若接触得少，选择就少，人就容易随便将就；若接触得多、更丰富，能选择的质量也就提高了。个人的眼界也是一样的道理。唯有不断地学习、成长，才可能拥有更高的生命质量。

因此：**对于新时代的人类，投资自己、多学习才是此生的最佳投资，也是最为实在的投资，没有之一。**

祝愿你有个高质量的精彩人生！

【**总结与行动**】请拿出自己的记事本，用自己的话语做个心得总结，并写下至少第一步的行动。